탈옥의 KEY, 무 개념 명상

우리는 성격이라는 감옥 속에 갇혀 있다

탈옥의 KEY, 무 개념 명상

우리는 성격이라는 감옥 속에 갇혀 있다

탈옥의 KEY, 무 개념 명상

우리는 성격이라는 감옥 속에 갇혀 있다

2012년 5월 20일 초판 1쇄 인쇄
2012년 6월 10일 초판 1쇄 발행

지은이　　박진하
펴낸이　　정창진
펴낸곳　　도서출판 여래
출판등록　제2011-81호(1988.4.8)
주소　　　서울시 관악구 행운2길 52 칠성빌딩 5층
전화번호　(02)871-0213
전송　　　(02)885-6803

ISBN　　89-85102-89-3　03270
Email　　yoerai@hanmail.net

값은 뒤표지에 있습니다.

탈옥의 KEY
무 개념 명상

지은이 박진하

우 리 는

성 격 이 라 는

감 옥 속 에

간 혀 있 다

우리는 성공하기 위해 노력한다. 가족과 풍요로운 미래의 삶을 위해 혼신의 힘을 다하여 나아가고 있다. 그러나 우리가 처한 환경은 그리 녹녹한 편이 아니다. 그러다 보니 넘어지고 다치고 한다. 그 누구도 자유로울 수 없다. 다들 몇 가지의 상처를 가지고 산다. 멀리서 보면 좋아 보이지만 가까이 가면 추악해 보이는 것이다.

어떤 추리 단편소설에서 시력이 나쁜 주인공이 안경을 두고 오페라 극장을 가게 되었다. 좌우를 둘러보다가 저 멀리 앉아있는 우아하고 아름다운 여성을 발견하게 되었다. 두근거리는 마음으로 다가가 보았더니 자기 할머니였던 것이다.

우리 이외의 모든 사람은 편안하고 행복해 보인다. 그러나 그 실상을 보면 모두가 배신의 아픔과 상실의 슬픔 그리고 두려움의 감정으로 고통스러워하고 있다. 고급 레스토랑에서 우아하게 서비스를 하는 여성은 마음이 편안할까? 저처럼 아름다운 미소를 짓는 저 여성은 타고난 서비스 요원일 것이다. '그러니 마음도 천사이겠지?'라고 생각할 수 있으나 실체를 보면 아닌 경우가 많다. 오랜 훈련과 경험이 그녀를 그렇게 만든 것이다.

퇴근하면 소주를 맥주 컵으로 마시며 동료 직원을 야단치기도 하고 폭군처럼 폭음을 강요할 수도 있다. 날로 경쟁은 치열하고 우리들의 아픔은 커져만 간다.

폭음을 하면 잊혀진 듯해도 무의식 저편에서는 악마의 저주처럼 자라나고 있다. 음주는 근본적인 해결책이 아니라 회피하는 것일 뿐이다. 그렇게 회피하며 외면했던 그림자가 언젠가 무섭게 성장해서 우리를 삼켜버릴 수도 있다.

세상에는 이런 마음의 상처를 처리하는 데 있어서 두 종류의 사람이 있다. 아픔을 치유할 방법을 적극적으로 찾아가는 사람이 있는 반면에 아픔을 잊기 위해서 방황하는 사람도 있다. 이런 상처는 우리 내면에 새겨지는 것이기 때문에 외부 물질로 해결될 수 있는 것이 아니다. 성공을 한다거나 많은 시간이 지났다고 해소될 수 있는 것도 아니다.

우리 속에 간직되어진 내면을 치유해야 한다. 먼저 밖으로 향하던 초점을 우리의 내면으로 돌릴 필요가 있다.

일본 어디에선가는 정신병자를 치료할 때 병원으로 보내는 것이 아니라 산속 깊이 사원으로 보내 외부로부터 오는 전화도 끊어버리고 일체의 정보를 차단한다. 그들을 3주에서 6주간 완전히 일반 사회와는 완전히 격리된 상태에서 있게 되는데 오직 한 사람만이 남아서 물과 양식을 제공한다는 것이다. 그러면 그 미친 사람은 누구와도 대화가 불가능하다. 밤이 되어도 불을 밝힐 수 없게 한다. 그 무서운 어둠 속에서 자신의 광증을 대면해야 한다. 그러면 놀랍게도 3주나 6주가 되어 그 미친병이 사라진다. 어떤 치료도 하지 않고 단지 혼자 있게 한 것이 유일한 치료 방식이었는데 치료효과가 나타난 것이다.

이처럼 침묵이 좋은 위안이 될 수 있다. 그러나 우리는 우리를 침묵 속에 그냥 둘 수 없다. 시간이 남으면 누군가 만나야 하고 그것도 안 되면 TV라도 봐야 한다. 좀처럼 가만히 앉아 있을 수가 없다. 단 5분도 견딜 수 없어 한다. 침묵만이 우리 내면과 대화할 수 있는 유일한 길이다. 상처받고 웅크리고 있을 그 아픔을 지켜봐야 한다. 사실 우리 인간은 자기 자신과 만나는 것을 두려워한다. 그래서 외부에 초점을 맞춰 이 세상에 살아가려고 한다.

명상은 앞만 보고 달려온 우리에게 잠깐 쉬어가는 여백이다. 수묵화를 보면 그려진 부분과 여백으로 나누어진다. 여백도 없이 그림만 가득한 수묵화는 여유도 없고 그림의 초점을 산만하게 할 뿐이다. 우리 인생도 그렇다. 그저 힘껏 달리기만 해서는 지금 가는 것이 제대로 가고 있는 것인지 확인할 수 없다. 그리고 곧 지쳐 주저앉게 될 수도 있다. 명상은 이와 같이 인생의 여백과 같은 역할을 한다. 또 다른 측면에서 보면 마음을 비우는 과정이다. 그러면 어떤 선입견도 없이 세상을 바로 볼 수 있다. 그러면 우리의 실체와도 직면할 수 있다. 잡념이 사라진 상태에서 있는 그대로의 세상을 직접 볼 수도 있다.

이런 명상의 유효함을 일찍이 파악하고 활용하고 있는 국가가 미국이다. 왜 아직도 미국이 최강인가? 유용하고 좋은 것들은 어디에서 나왔든지 간에 관계없이 가져다 쓴다. 그것이 팍스 아메리카이다.

1967년에는 명문 대학 내에 '명상의 이론과 실천'이라는 강좌가 정식 교육 과목으로 신설되었다. 그 후 눈덩이가 불어나듯 수많은 대학에서 명상 교육 과목이 유행처럼 개설되었으며 많은 대학생들이 수강하는 인기 과목이라고 한다. 또 미국의 대학병원이나 심장 병센터에 가면 명상원이 있어서 많은 사람들이 이를 활용하여 치료하고 있다.

일반인들도 환호하고 있다. 하나의 트렌드로 자리 잡아 가고 있다. 이른바 젠Zen이다. 건축에서도 패션에서도 응용되고 있다. 명상

강좌를 하면 수많은 사람들이 참가한다.

2012년 2월에 「뉴욕 타임스」에서는 바쁜 현대인에게 심리적인 안정과 먹는 즐거움을 주는 식사법의 하나로 명상 식사법을 소개한 바 있다.

"명상 식사법은 식사 때는 오직 먹는 행위에만 집중하라고 한다. 식재료의 질감, 맛, 향기, 색깔을 천천히 음미하면 먹는 즐거움도 클 뿐만 아니라 평소 자신의 식습관이나 욕망까지도 돌아볼 수 있다고 가르친다"고 하였다.

우리가 음식을 먹을 때 음미하지 않고 먹으면 단지 음식물을 위장 속으로 주입하는 기계적인 동작일 뿐이다. 기계적으로 먹기를 중단하고 먹는 것에 대해 주시할 필요가 있다. 오이를 가져다가 손바닥에 감싸 쥐고 처음 보는 것처럼 자세히 바라본다. 보다 가까이 지켜보면 경이로운 것이 보일 것이다. 오이 위에 떨어져 그 속에 간직되어 있는 햇빛과 빗방울도 보일 것이다. 여린 하얀빛이 옅은 그린으로 바뀌고 그 색의 농도가 짙어져 지금의 모습으로 변해가는 것도 확인할 수 있다. 먹을 때도 최대한 주의를 기울여서 음식에 집중하는 것이 좋다. 천천히 먹으면 맛의 진미가 느껴지게 된다. 무엇을 먹든 그 맛을 온몸으로 느껴가며 먹는다. 우리가 맛 그 자체가 되는 것이다.

다른 한편 명상은 무한 잠재력을 최대한 발휘할 수 있도록 하는 체계적인 기술이다.

우리는 감각과 마음이라는 것에 휘둘리며 살고 있다. 그러나 그 사실조차도 모른다. 나의 의지대로 자유롭게 살고 있다고 생각하지만 그저 기계처럼 살아가고 있다.

우리 마음을 우리가 시키는 대로 할 때 더 이상 외부 환경에 좌우되지 않는다. 어떤 일이 있든지 우리가 하고 싶은 대로 의사 결정을 할 수 있는 자유를 얻게 되는 것이다. 이른바 삶의 기술에 통달하게 된다. 이처럼 우리의 마음을 이해하고 조절하려는 것이 바로 명상이다.

이와 관련하여 어떤 선현이 마음을 당나귀에 비유하면서 "이 마음이라는 놈은 당나귀일 뿐이다. 따라서 나는 이 놈을 잘 돌볼 것이다. 나는 이 놈을 씻기고 먹이고 쉬게 할 것이다. 하지만 나는 이 놈을 타고 다닐 것이다. 이 놈이 나를 타고 다니게 할 수는 없다."

이렇게 될 때 감각과 마음을 통제할 수 있을 뿐만 아니라 마음 저변에 무한 저장되어 있는 보석들도 모두 캐어내서 하나도 빠짐없이 활용할 수 있게 되는 것이다.

2012년 3월

지은이 박진하

과학적인 자기 정화 명상 · 113

삶과
성공

인생은 4단계로
구분하여 완성한다

지금 일본은 이른바 '초식' 스타일의 젊은 사람들이 늘어나고 있다고 한다. 고도 성장기에 있었던 다소 공격적이고 출세와 돈을 위해서는 험한 일을 마다하지 않던 '육식' 형에 비하여 이들은 다른 특성을 가지고 있다. 심지어는 현실에서 도피하여 집시처럼 살기도 하고 수도승처럼 세속을 초월한 삶을 추구하기도 한다. 이런 현상이 우리나라에서도 조금씩 나타나고 있다.

또 할 일 없이 멍하니 허공을 보며 시간을 소일하는 노인 분들도 계신다. 우리가 살 수 있는 평균 수명이 79세인 세상이 되었다. 얼마 전만 해도 회갑이 되면 이웃과 친지를 초청해서 크게 잔치를 했었다. 그 당시에는 70세까지 산다는 것이 희기한 일이었다. 그러나 지금은 누구나 그리 살 수 있게 되었다. 그런데 사람들은 55세를 전

후하여 현직에서 은퇴하게 되었다. 이후 20여 년이라는 기간을 어떻게 보내야 하는가? 그저 지난 세월을 회고하며 무의미하게 20여 년을 살다가 마감해야 하는가? 이리되면 더 산다는 것이 축복이 아니라 재앙이 될 수도 있다. 갈수록 비참해지고 삶에 대해 회의감도 늘어날 수밖에 없다.

이와 관련하여 인도에서는 인생을 '학습기', '사회활동기', '은둔기', '여행기'로 구분하여 정리하고 있다. 전반부는 사회 활동을 왕성하게 펼치면서 가정을 부양하는 시기이고 그 후반부는 자아를 돌아보고 내면을 완성하는 과정이다.

사람은 다른 동물과 달리 태어나서 곧바로 독립하여 살기 어려운 동물이다. 누군가의 도움이 없이 생존할 수 없다. 야생소와 같은 동물은 태어나면 그 즉시 걷게 되지만 사람은 걷는 것은 말할 것도 없고 기지도 못한다. 그냥 방치하면 죽을 수밖에 없다. 그래서 부모 밑에서 가정과 학교 교육을 받으며 성장하는 것이다. 이 시기는 누구나 태어나면서 자기가 가진 역량을 기반으로 실력을 쌓아가는 학습기라고 할 수 있다.

두 번째 시기는 부모로부터 독립해서 가정을 이루고 생산적인 활동을 왕성하게 펼치는 청장년 시절이다. 이른바 사회적인 의무를 다하는 행위자로서 자아를 확립하는 시점이다. 일생의 처음 절반은 사회 활동을 위한 준비 및 실천에 바쳐지도록 되어 있으며 사회적 의무와 돈, 그리고 쾌락을 추구한다.

자녀들이 다 자라서 분가하게 되면 이들은 새로운 국면에 돌입하게 된다. 그 동안 소홀히 할 수밖에 없었던 자기 내면으로 눈길을 돌리게 된다. 그래서 가족을 떠나 숲으로 간다. 자기만의 공간을 확보하고 자기 내면 속으로의 여행을 시작하는 것이다. 깊은 명상과 종교 생활로 그 동안 방치하고 외면했던 마음을 위로하고 참다운 진리를 찾아가는 수행을 한다. 인가와 떨어진 장소에서 요가와 고행을 하며 해탈을 위한 노력을 하는 것이다.

그런 다음에 찾아오는 마지막 4분의 1은 세속에 대한 완전한 포기에 바쳐진다. 이들을 '산야사'라고 하며 이들은 거처도 없이 걸식과 여행을 하며 살게 된다. 이들이 드물게 살던 마을로 들어오게 되는 경우에는 그를 일종의 불가촉천민처럼 여긴다고 한다.

이처럼 젊은 시절에는 세속적인 욕망에 따라 왕성한 사회생활을 하도록 되어 있다. 인간적인 쾌락도 즐기고 사회적 의무도 다한다. 그런 후에는 수도승으로의 삶을 산다. 밖으로만 향하던 마음을 내면으로 바꾸어 자신을 완성하는 단계로 나아가게 되는 것이다. 이들은 몸의 기능이 왕성할 때는 그에 합당한 사회 활동을 하지만 이 시기가 지나면 쾌락이나 욕구를 쫓는 삶을 포기한다. 우리 몸은 60세가 지나면 기운이 쇠약해져 육체를 중심으로 하는 활동에 적합하지 않게 되어 있다. 그럼에도 불구하고 쾌락과 즐거움만 쫓아간다면 심신이 망가질 수밖에 없다. 역으로 젊을 때 자기의 소명을 다하지 않는 것도 바람직하지 않다.

동양의 고전인 「논어」에도 이와 유사한 인생 과정을 그려내고 있다. 사람이 15세가 되면 자기가 나아갈 방향을 정하고 그에 적합한 전문 학습을 시작하여 30세가 되면 완성해야 한다吾十有五而志于學, 三十而立. 좀 더 자라 40세가 되면 배운 지식을 응용하고 실천함에 있어서 한 치의 의혹도 없는 완벽한 전문가가 되어야 한다四十而不惑. 그런 후 50세가 되면 생활의 기술이 아닌 삶의 의미를 찾아 인생과 자연의 이치를 배우기 시작한다五十而知天命. 공부가 무르익어 60세가 되면 마침내 깨달음을 얻어 모든 것을 이해하게 된다六十而耳順. 드디어 70세가 되면 하고 싶은 대로 말하고 행동하지만 모두가 다 자연의 이치와 부합된다고 한다七十而從心所欲, 不踰矩.

이처럼 「논어」에서도 인생을 전반기와 후반기로 구분하여 사는 방식으로 설명하고 있다. 인도인처럼 우리 선비들도 앞서 50세까지도 사회생활을 활기차게 하지만 후반부에는 세상의 이치와 인생의 의미를 탐구하는 삶을 살았던 것이다.

젊은 사람들이 도인과 같은 삶을 추구하는 것도 그리 적합한 것이 아니요, 은퇴를 했음에도 불구하고 화려했던 지난 시절이 그리워 머물러 있으려 하는 것도 옳은 것은 아니다. 그 시절마다 합당한 삶의 방식이 있는 것이다. 젊을 때는 부지런히 공부하여 자기가 맡

은 분야에서 전문가가 되어야 하고 또 장성해서는 돈도 벌고 가족
도 부양해야 하며 사회를 위해 봉사도 해야 한다.

그런 후에야 자기 자신을 되돌아보고 깨달음과 자기 영혼을 위
한 공부를 시작할 수 있는 것이다. 젊은 사람은 이런 공부를 한다
해도 분명 한계가 있다. 무르익어야 한다. 붉은 감이 세월을 거치면
서 그 맛이 풍부해지는 것처럼 인생도 그러하다. 세속의 삶을 거쳐
단련되어야 보다 더 깊은 이해를 할 수 있게 되는 것이다.

지금 이 순간 우리는 행복한가?

우리 아이들은 지금 이 순간에 행복할까? 부족한 것 없이 사는 아이들이 마냥 행복해 보인다. 그러나 그 속을 살펴보면 아니다. 최근 통계에 의하면 하루에 0.97명의 10대 청소년이 자살을 한다. 그것도 교통사고도 아니고 스스로 목숨을 끊는 방법으로 말이다. 자살을 생각해 본 적이 있다고 응답한 아이들은 이보다 훨씬 더 많다. 전체의 19.7%가 그런 생각을 했었다고 한다. 10명이 있으면 그중 2명이 죽고 싶어 했다는 것이다. 한참 재미있고 신나기만 해야 할 젊은 청춘들이 죽음이라는 어두운 그림자 속에 빠져 들어간 것이다.

그럼 우리는 어떠한가? 다음 테스트를 이용하면 간단하게 나의 행복 수준을 확인해 볼 수 있다.

다음의 항목을 읽고 각각 얼마 정도 해당되는지 체크하세요.

【보기】
6~7점   약간 동의한다. / 동의한다. / 매우 동의한다.
  4점   동의하는 것도 동의하지 않는 것도 아니다.
1~3점   전혀 동의하지 않는다. / 동의하지 않는다. / 약간 동의하지 않는다.

1. 나의 삶은 내가 생각하는 이상적인 수준에 인접해 있다.(   )점

2. 현재 내 삶의 조건들에 대해 매우 만족한다.(   )점

3. 지금까지 나는 삶 속에서 중요한 것을 모두 얻었다.(   )점

4. 내가 다시 산다고 해도 현재의 삶과 다를 것이 거의 없다.(   )점

25~28점 ☞ 지금 현재에 만족하고 있는 정도가 최고이다.
21~24점 ☞ 매우 만족하고 있다.
17~20점 ☞ 어느 정도 만족하고 있다.
13~16점 ☞ 약간 불만족스럽다.
 9~12점 ☞ 매우 불만족스럽다.
4~ 8점 ☞ 지금 현재가 너무나 불만족스럽다.

한국인의 평균 점수는 18점이다. OECD가 발표한 행복 지수가 그렇다. 전체 32개 회원국 가운데 31위이다. 불행을 넘어 약간 만족 해하는 지점으로 옮겨 가는 경계선상에 있는 것이다.

우리는 돈으로 행복을 살 수 없다는 것을 잘 알고 있다. 하지만 실제 하는 행동은 돈으로 행복을 살 수 있는 것처럼 하고 있다. 그 저 돈만 많이 있으면 모든 문제는 해결된다고 생각하고 있기 때문

에 현재 많은 문제들을 방치하고 있다. 몸과 마음은 미결상태의 찌꺼기와 쓰레기로 만연되어 있다. 그저 돈을 많이 벌고 성공하기 위해 전력질주하고 있는 것이다.

그러나 고민이나 불행을 나타내는 지표들은 물질적 풍요의 증가와 함께 증가한다. 재산이 늘어나고 소득이 커지면 오히려 그만큼 걱정과 처리해야할 고민이 더 많아진다는 것이다. 이를 '풍요의 역설' 이라고 한다.

행복이란 무엇인가? 이렇게 질문하면 쉽게 답할 수 없을 것이다. 이런 행복을 심리학자들은 주관적인 안녕감이라고 한다. 개인마다 다르기 때문에 주관적이라고 하고 편안하게 느껴지는 감정이라는 의미에서 안녕감이라 한다. 이런 주관적인 안녕감은 다른 측면에서 보면 삶에 대한 만족, 긍정적 정서가 있는 것, 그리고 상대적으로 부정적 정서가 없는 것이라고 정의할 수 있다. 긍정적 정서는 기쁨이나 행복과 같은 정서 경험을 말하는 것이고, 부정적 정서는 삶에서 즐거운 정서가 없는 상태를 의미한다.

그럼 이런 긍정적인 정서는 어떤 조건 속에서 만들어 지는가? 일반적으로 삶의 목적이 분명한 사람이 다른 사람들에 비하여 강한 긍정적 정서를 가지고 있다. 삶의 목적이라는 것은 삶의 목표나 신념을 가지고 있음을 말한다.

긍정적인 정서에 영향을 미치는 또 다른 요인으로는 자기 존중감이 있다. 어떤 상황 속에서도 자기의 능력을 믿고 신뢰하는 마음이다. 나는 할 수 있다는 강한 믿음이 긍정 마인드를 만들어 내는 것이다.

이런 긍정적인 정서는 일종의 심리적 자산으로 작용한다. 일시적으로 나쁜 일이 있어도 비교적 빨리 일상으로 되돌아오게 한다. 왜냐하면 긍정적 정서는 외부에서 오는 심리적인 타격을 흡수하도록 도와주기 때문이다. 이러한 완충 효과는 은행에 저축한 돈과 같다. 저축이 충분하다면 적은 비용의 손실은 그다지 부담으로 느껴지지 않는다.

누구나 어떤 일로 인해 한시적으로 기분이 고양되거나 낮아질 수 있지만 비교적 안정된 기본 저지선을 가지고 있다. 개인에게 커다란 행운이 찾아와 큰 기쁨을 느끼게 되면 자기 존중감이 일시적으로 높아질 수 있으나 일정 시간이 지나면 다시 기본 저지선으로 되돌아온다. 로또 당첨자는 당첨된 그 시점 긍정적인 정서가 일시적으로 급격히 높아질 수 있으나 이전의 행복 수준으로 재빨리 되돌아간다. 역으로 비극적인 상황에서는 원래의 수준으로 회복하는 탄력성으로도 작용한다.

또 긍정적인 정서를 가진 사람들이 그렇지 못한 사람에 비해 더 오랫동안 건강하게 살 수 있다. 보다 객관적으로 이런 사실을 입증하기 위하여 비교적 동일한 조건에서 살고 있는 수녀들을 관찰한 결과이다. 즉 긍정적인 정서를 가지고 있는 수녀가 다른 수녀에 비해 평균 10.7세 더 살았다.

이에 비해 부정적 정서는 상황에 대처하는 우리들의 선택 범위를 축소시키는 경향이 있다. 분노의 감정에 사로잡히거나 두려우면 우리들은 '자기 초점 중심적'이 되고 객관적인 시야를 상실하게 된다. 그렇게 되면 보이는 것만 보게 된다. 자기 정서에서 헤어날 수 없게 되어 폭 넓은 선택을 할 수 없게 된다. 제한된 범위 내에서 선택하는 만큼 합리적인 의사 결정이 어렵다.

긍정적인 정서로만 가득하다면 마냥 좋다고 할 수 있을까? 아니다. 지나친 긍정성은 오히려 우리의 정서 감정을 공황상태로 만들어버릴 수 있다. 긍정성 비율이 11.6배를 초과하면 건강이 나빠지거나 정신 이상을 초래할 수 있다는 것이다.

적절한 긍정성 비율은 2.9배이다. 주어진 일정 기간에 긍정적 정서가 부정적 정서에 비해 3배 정도 높으면 왕성한 것이 되고 그 이하이면 쇠약하다는 의미이다. 우리 생활은 긍정과 부정의 비율이 3:1로 배합되어 있을 때 보다 안정적이고 건강한 삶을 누릴 수 있는 것이다. 너무나 좋은 것만 찾아서도 안 된다. 어느 정도 부정적인 것도 있어야 한다. 적당한 부정성은 건강한 기능을 위해 필요한 것이다.

긍정적인 마인드를 가진 삶이 성공한다

현재의 미국을 만든 정신을 한마디로 정의한다면 누구나 할 것 없이 개척 정신이라고 할 것이다. 이 정신은 긍정적인 마인드를 전제한 것이다. 긍정적인 마인드와 실천 의지가 합쳐져 만들어진 개념이 바로 개척 정신이다. 이것이 미국이라는 강대국을 만든 원동력이다.

최근까지 미국이 경제 위기를 경험하면서 부정적인 비관주의가 팽배했던 시절이 있었다. 많은 사람들이 향후 10년간의 미래가 유토피아의 반대 개념인 디스토피아dystopia, 암울한 미래가 전개될 것이라 예측하고 있었다. 또 다른 쪽에서는 이런 정서가 확대되는 것을 경계하는 학문적인 연구가 심리학계를 중심으로 전개되고 있는 것도 사실이다. 우리 미래를 위협하는 가장 큰 위험 요소는 어떤 치명적인 질병도 경제 불황도 아닌 비관주의라고 한다. 다시 개척 정신을 되찾을 수만 있다면 미국은 이 위기를 극복하고 그 옛날의 영광을 회복할 수 있다는 것이다. 이를 가르쳐 긍정심리학이라고 한다.

긍정의 마인드가 강하면 강할수록 집중력이 커진다. 좀 더 나아가 몰입을 할 수 있게 되는데 의식적으로 어떤 노력을 하고 있다는 느낌도 없이 행동하는 상태이다. 그것은 마치 스스로 일어나는 일처럼 자연스럽게 흐르게 하는 것이다. 아티스트가 악기를 연주한다면 악보에 대해 너무 익숙해서 별다른 노력 없이 그냥 음악이 흐르도록 놔두는 것과 같은 이치이다. 이런 긍정의 마인드와 몰입은 성공의 필수 요건인 것이다.

현재의 삶은 지난 날 우리가 생각한 것들이 현실로 반영된 결과물이다. 우리가 무엇을 생각하든 그것 자체가 현실이 되어 나타난다. 성공을 설명하는 사람들의 한결같은 주장이다. 우리가 특정 주파수에 채널을 맞추면 그 채널로 전송되는 프로그램을 볼 수 있는 것처럼 생각도 그러하다는 것이다. 생각은 주파수와 같아서 우리가 생각할 때 그 생각이 우주로 전송되어 같은 주파수를 가진 유사한 것들이 모아져서 다시 우리에게 되돌아온다고 한다. 우리는 인간 송신탑이기도 하지만 강력한 수신탑이기도 하다.

그래서 결론적으로 다음과 같은 3단계 절차를 걸쳐 우리가 소망하는 것을 간단하게 성취할 수 있다고 한다.

　너무도 간단하다. '왔노라, 싸웠노라. 그리고 이겼노라' 라는 명구와 닮아 있다. 왜 많은 사람들이 이를 실행할 수 없는가?

제1단계 구한다.
우리가 진정으로 소망하는 것을 명확하게 하고 그것을 정리하여 구하기만 하면 된다는 것이다.

제2단계 믿는다.
소원이 이미 이루어졌다고 믿어야 한다는 것이다. 우리는 이미 받은 것처럼 행동하고 말하며 생각해야 한다는 것이다.

제3단계 받는다.
이미 받았다고 믿고 기분 좋게 그것을 만끽하기만 하면 된다는 것이다. 즉 실제로 소망했던 일이 이루어졌을 때 느낄 수 있는 기쁨과 같은 느낌을 느낄 수 있다면 그 소원은 정말로 이루어진다는 것이다.

　왜 신비한 비급이 작동되지 않는가? 굳게 믿고 실천해 보려고 하지만 쉽게 안 된다. 열심히 이루질 것이라는 확신과 믿음을 가져 보려고 노력하면 할수록 다른 한편에서 '그것은 아니다. 그것은 절대 그렇게 될 수 없다' 는 회의감이 똑같은 비중으로 나의 생각을 뒤덮어 버리는 것이다. 마음은 하나의 극에서 다른 극으로 이동한다. 이런 것이 마음의 방식이다. 그러니 집중할 수 없게 되고 나의 소망은 무산되어 버린다.

마음을 우리 마음대로 컨트롤 할 수 없다. 이럴 때 마음을 지배하는 유일한 방법은 마음을 고요하게 하는 법을 배우는 것이다. 대체적으로 이를 실천하는 대가들은 예외 없이 날마다 명상을 한다고 한다. 명상은 이런 문제를 해결할 수 있는 강력한 방편이다. 우리가 무엇인가에 집중하려 하면 그 반대되는 것들이 끊임없이 나타나 그것을 무산시키려 한다.

이런 그림자를 깔끔하게 지우려면 명상을 활용하는 것이 좋다.

그림자와 자기정화

감정의 쓰레기들을 흘려버린다

나는 어떻게 되고 싶다, 그렇게 하고야 말겠다고 생각하면 우리 의식 뒤편에 있는 무의식은 그렇게 될 수 없다고 외치고 있는 것이다. 이를 부정하고 다시 한 번 나는 꼭 그리 되고야 말겠다고 굳은 각오로 맹세하지만 또 다른 이면이 나타나서 그렇게 될 수 없다고 속삭이고 있다. 같이 크기로 부정적인 것이 나타나 작동된다. 모든 것이 이런 식이다.

그래서 놓아 버리는 것이 필요하다. 이쪽에서 저쪽으로 옮겨가려면 이쪽에서의 버림이 있어야 가능하다. 우리가 공을 던질 때 꽉 쥔 상태에서 펼쳐 놓아 버린 다음에야 던지는 동작으로 이어져야 한다. 만약 쥐기만 하고 공을 놓아 버리는 것이 없다면 공은 내 손에 벗어날 수 없게 된다. 어떤 것이 지금 상태에서 이동하여 다른 위치로 옮겨가기 위해서는 현재의 마음을 버리는 동작이 선행되어야 한다.

숨을 들이마시는 것만 호흡이라고 생각하기 쉽다. 심호흡을 하려면 기본적으로 폐에 남아 있는 공기를 말끔히 비워야 한다.

일반적으로 물에 빠졌을 때 물 속으로 가라앉게 되는 것은 숨을 들어 마시려고만 하기 때문이다. 오히려 그 반대로 편안하게 내쉬려고 하면 물을 먹지도 않고 당황하여 물 속 깊이 빠지지도 않을 것이다.

우리 마음에는 여러 일을 하면서 버려진 쓰레기로 넘쳐난다. 아이가 태어나면 처음 2년 동안은 빨리 걷거나 말을 하게 하려고 온갖 노력을 하지만 그 이후에는 가만히 앉아 있게 하거나 하려 한다. 하고 싶은 대로 하는 것이 아니라 억제하고 억압을 한다. 무엇은 안 되고 무엇은 반드시 해야 한다. 그러면 억압된 감정들이 마음의 찌꺼기가 되어 우리 속에 축적되어 간다. 이런 쓰레기들은 밥솥의 스팀과 같은 역할을 하며 언제 폭발할지 모르는 폭탄과 같다. 뜨거운 수증기가 쌓이면 터져 나오는 것처럼 물샐 틈 없이 봉쇄한 상태에서 가두어 두면 언젠간 터지고 만다. 그전에 스팀을 빼주어야 한다. 쓰레기를 제거해야 한다. 그래야 이동할 수 있다. 과거의 고통과 미래에 대한 두려움과 같은 마음의 찌꺼기를 제거할 때 가볍게 이동할 수 있는 것이다. 이를 흘려버리기라고 한다.

우리 마음이라는 것은 신기하다. 곰팡이가 태양 빛이 밝은 양지로 나오면 사라지듯 우리 마음 저편에 있던 여러 억압의 잔재들도 의식 이편으로 옮겨 오면 사라진다. 이런 억압된 찌꺼기를 무시하고 모른 척하면 우리도 모르는 사이에 이것들이 우리를 좌지우지하게 된다. 그런데 이를 분명하게 의식하고 드러나게 하면 사라진다. 이것을 흘려보내기라고도 하고 마음 청소라고도 한다.

우리 속에 테러리스트가 있다

한 오락 프로그램에서 한 여성 출연자가 거짓말 탐지기를 착용하고 나와 동료들의 질문에 답하고 있다. 한 남자 출연자가 "자기 같은 스타일을 좋아하느냐?"고 묻는다. 그러자 서슴없이 "아니다"라고 하는데 탐지기는 거짓말을 하고 있다고 표시된다. 당혹한 그 여자 연예인은 정말 아니라고 외친다. 그렇다면 그 여자는 그 당시에 거짓말을 하고 있는 것일까? 거짓말은 아닐 것이다. 이성적으로는 분명히 그 남자가 싫다. 그러나 이성적으로 그를 부정한 이면에는 무의식이 작용하게 된다. 그를 거부하고 외면한 것으로 인해 만들어진 그림자가 있는 것이다. 그 정도가 심하면 심할수록 그림자는 그만큼 큰 것이다. 그것을 심리학에서도 그림자라고 말하는 것이다.

나도 아닌 것이 평생 따라다니는 것이 그림자이다. 이처럼 우리 자신의 일부이지만 '스스로 거부하거나 억압해온 내면'이다. 이 그림자는 우리 의식이 인정하지 않았을 뿐만 아니라 멸시해 온 우리의 다른 측면이라는 것이다.

우리는 청년기를 거치면서 직장인이 되기 위해 모든 노력을 다 한다. 자기의 스펙을 높이기 위해 학교를 다닐 때는 쉬지 않고 공부한다. 영어 토익 점수도 높여두어야 한다. 그리고 자격증 몇 개 정도는 있어야 한다. 그 중에는 누구나 공인할 만한 국제 공인 자격도 있어야 하는 것이다. 정말로 극기와 헌신의 시간들이다. 입사한 후에는 좀 더 나은 전문가가 되기 위해 공부도 하고 다른 동료나 상사들과도 좋은 인간 관계를 맺거나 유지해야 한다. 결혼을 하면 안정된 수익을 더 많이 늘여야 한다. 이 모든 활동은 '더 큰 그림자'를 만든다. 우리가 이런 삶을 영위하기 위하여 덮어 두거나 제외했던 것들이 그림자처럼 존재하는 것이다.

중년이 되면 문화화가 완결된다. 이 시기가 되면 아주 메마르다. 또 이 시점에 이르면 그림자의 에너지는 어마어마하게 커진다. 모든 것을 한꺼번에 전복시킬 만한 폭발력이 생긴다. 극단적으로 위험한 순간이다.

이런 심리적인 것들을 고려하여 나이가 쉰이 되면 직업을 바꾸어 보라고 한다. 대부분의 사람들은 직업의 정점에 도달하면 기진

맥진한 느낌을 갖게 된다. 그래서 이제까지와는 전혀 다른 직업으로 바꾸어 보라는 것이다. 이것이 어렵다면 외국어를 공부하는 것도 좋다고 한다. 새로운 언어를 배운다는 것은 새로운 문화를 보고 체험한다는 것이 된다. 이처럼 전혀 접해 보지 않았던 색다른 언어와 그 문화는 이제까지의 삶의 패턴과는 다른 무엇인가를 줄 수 있다는 것이다.

감정 폭발이 공든 탑을
무너뜨린다

감성을 측정하고 연구하면서 감성 지수라는 용어를 사용하기 시작했다. 흔히 지능 지수가 학습이나 성공을 가늠할 수 있는 가장 중요한 지표라고 생각한다. 보통은 지능이 높은 사람이 공부도 잘 하고 사회에 나가서 성공도 한다. 이런 생각이 전혀 틀린 말도 아니지만 전체 성공의 20%만을 설명해 준다는 것이다. 그 나머지는 감성 지수를 포함하여 다른 요인이 작용된다. 이런 감성 지수는 사실 지능 지수와 아무런 관련이 없다고 한다. 지능이 높다고 해서 감성 지수가 높다든가 아니면 낮아지는 경향은 없다.

흥분하면 사태를 걷잡지 못할 정도로 악화시키는 경우가 있다. 이러한 감정 폭발은 돌발 감정 때문에 발생한다. 두뇌에 대한 신비가 밝혀지면서 가장 원시적인 부위는 척추의 꼭대기를 둘러싼 뇌간이라는 것을 알게 되었는데 뇌간에 감성 중추가 있다. 오랜 진화를 거쳐 이 감정 영역에서 사고하는 두뇌인 신피질이 발달했다는 것이다. 이 신피질이야말로 어떤 상황이 좋은 것인지 나쁜 것인지를 파악하여 이성적으로 대처할 수 있도록 해준다. 이런 사유하는 뇌는 감성적인 뇌에서 생겨났다. 즉 감성적인 뇌가 이성적으로 생각하는 뇌보다 앞서 존재해 왔다는 것이다.

이런 이성적인 대뇌가 작동하여 판단하기도 전에 돌발 감정이 순식간에 발생하여 폭발적인 반응을 만들어 버린다고 한다. 이런 것들의 가장 두드러진 특성은 그 순간이 지나면 홀린 듯 자기에게 닥친 혹은 자신이 저지른 일이 무엇이었는지 잘 알지 못한다.

그렇다면 왜 이런 감정 폭발이 일어나는가? 우리가 눈이나 귀를 통하여 받아들이는 감각신호는 맨 처음 간뇌의 일부인 시상으로 가서 사유하는 신피질로 전달된다. 그런 다음에는 여기에서 만들어진 적절한 반응이 두뇌나 나머지 신체로 확산된다는 것이다.

이런 정상적인 전달 경로 외에도 시상에서 감정 폭발을 작동시키는 편도로 곧바로 이어지는 신경 통로가 있음을 발견했다. 이처럼 신피질을 거쳐 가는 우회 방식이 아닌 직행 노선을 이용하여 전달되는 편도는 직접적으로 감정과 관련되어 있다.

이 편도에서 시작한 감정은 가장 원시적이고 강력하다. 두뇌의 나머지 부위를 장악할 수 있는 계엄 사령부와 같은 역할도 한다. 우리 인류가 살아오면서 위기 상황에서 신속하게 대처하기 위해서 이런 독특한 비상 두뇌 체계를 구축하게 된 것이다.

갑자기 공격하는 야수를 물리치기 위하여 본능적으로 대처하는 대응 시스템이 필요했다. 지금 당장 위험이 닥치고 있는데 보고하고 생각할 틈이 없다. 당장 대처해야 한다. 이처럼 우리 뇌는 현대가 아닌 원시적인 삶에 맞추어 설계되어진 것이다. 지금 우리의 뇌는 3만 5000년 전에 있었던 원시인의 뇌와 다른 것이 거의 없다.

이런 발견은 조금 느리지만 충분히 정보를 제공받은 신피질이 좀 더 세련된 반응 계획을 세우기도 전에 비상 통로를 경유하여 받은 것을 시작으로 감성 폭발을 촉발시킬 수 있다는 의미를 담고 있다. 또 돌발 감정이 폭발할 때에 나타나는 분노의 감정은 특별할 정도로 아주 강렬하다. 분노를 자극하는 것이 편도에 의해 분비되는 호르몬의 양을 급증하게 한다는 것이다. 즉 첫 번째 자극에 의한 호르몬이 잦아들기도 전에 두 번째 분노 호르몬이 다가오고 첫 번째와 두 번째 호르몬 위로 세 번째 호르몬이 다가오는 식이다. 시간이 지날수록 처음보다 분노가 강도 높게 증폭된다는 것이다. 분노가 분노를 촉발시킨다.

그렇다고 이런 감정을 억압만 한다고 좋은 것은 아니다. 모든 감정은 그대로의 가치와 의미가 있기 때문이다. 사랑과 오가는 정이 없는 무정한 생활은 황폐한 삶이 될 수밖에 없을 것이고 단절되고 소외감이 만연한 사회를 만들 뿐이다. 상황에 합당한 감정을 적절하게 표현하는 균형이 필요하다. 어찌되었든 분노와 광적인 흥분은 우리를 파괴하는 무서운 광기일 뿐이다.

그럼 이처럼 무서운 감정 폭발을 통제하고 감정이 도리어 우리의 생활을 보다 풍요롭게 만드는 정도로 조정하는 방법은 없는가? 그런 방식으로 제시된 것이 '자기 인식' 이다. 자기 인식은 내적인 상태가 어떻든지 간에 그것에 반발하지 않고 그 기분과 함께 나타나는 생각들을 있는 그대로 지켜보는 것이다. 이런 자기 관찰 및 인식은 지금 일어나고 있는 일에 함몰되지 않고 깨어 있게 하며 들끓거나 고통스러운 감정을 침착하게 인지하도록 해준다.

어떤 걱정이나 불안이 포착되면 즉시 그것을 인식하는 것이다. 그리고 그 마음 상태와 움직임을 정밀하게 관찰하면서 지켜보기만 하면 된다. 절대 내가 요란스러운 마음을 가라앉히겠다는 욕심을 가지고 억지로 통제하려는 생각을 해서도 안 된다. 그저 느껴지는 감정과 그때에 떠오르는 생각들을 지켜보기만 하는 것이다. 그러면 흙탕물을 떠다가 가만히 놔두면 흐린 흙덩이는 밑으로 가라앉고 맑은 물만 남아 있듯이 격정적인 감정은 어느 순간에 고요해 지는 것을 알 수 있게 된다. 이것이 자기 인식이고 이것이 명상의 원리이다.

이처럼 '자기 인식'을 하는 방식으로 감정을 잘 컨트롤할 수 있는 사람들은 학습과 일에 대한 몰입도가 높고 이로 인해 그들의 성취도도 자연스럽게 높아진다. 몰입은 자기 망각의 상태로 잔걱정과 불안에 가득 찬 상태와는 정반대의 감정이다. 즉 몰입은 적극적이고 활기 넘치게 하며 자기 기량을 최고조로 만들어 본인의 한계를 넘어서게 한다. 일반적으로 우등생들은 공부에 쓰는 시간의 40퍼센트를 즐겁게 공부에 몰입할 수 있게 하지만 열등생은 불과 16퍼센트만 몰입할 수 있다고 한다.

나의 행동을 선택할 자유가 있다

우린 아직도 적극적이고 외향적인 성향을 가진 인물을 유능하고 조직 성과가 클 것으로 생각하는 경향이 있다. 놀랍게도 이런 생각의 위험성을 지적한 인물이 『성공하는 사람들의 7가지 습관』을 저술한 스티브 코비 박사이다. 서구 유럽의 경이로운 과학 문명과 경제 성장에 놀란 우리나라를 비롯한 동양은 그들의 공격적이고 외부 지향적인 성향에 대해 일종의 부러움을 가지고 모방하려는 듯하다.

외향적인 사람들이 가지는 특성 중에 하나는 모든 문제는 자기가 아닌 다른 사람들의 약점에 초점을 맞출 뿐만 아니라 주변 환경이 자기의 현재 상태에 대한 책임이 있다고 생각한다. 이런 사람들은 일반적으로 자기를 피해자라고 생각하거나 어찌할 수 없는 주위 여건 때문에 그렇게 되었으므로 자포자기를 할 수밖에 없다고 생각한다. 이런 지도자를 만나면 늘 변화와 혁신을 주장한다. 지금의 여러 문제를 지적하면서 그것들은 자기가 아닌 다른 사람들의 잘못에서 비롯되었으므로 바꿔야 한다고 주장하는 것이다. 이렇게 상대방의 잘못을 열거하면서 변화하기를 요구하고 다른 사람들을 자기 스타일로 맞춰 보려고 한다.

그러면서 내적 성품보다 외적 성격을 앞세우는 것은 쓸데없는 일이라고 단정하고 있다. 즉 자기 자신을 개선하기 전에 다른 사람과의 관계를 개선하려는 것은 결국 쓸데 없는 일이라는 것이다.

그러면서 운명론적인 결정론과 자기 주도적인 스타일 두 가지를 비교하면서 그의 성공 이론을 전개하고 있다. 먼저 운명론에 의하면 우리는 환경과 조건에 의해 이렇게 될 수밖에 없도록 설계되어 있으므로 어떤 노력을 해도 소용이 없다는 식이다. 그것이 유전적으로 결정이 되었든 아니면 어릴 때 자란 환경에 의한 것이든 이런 것들이 우리의 삶 전체를 지배한다는 것이다. 우리는 우리의 삶을 선택할 수도 없고 외부 환경이 우리의 삶을 결정한다고 생각하는 것이다.

이런 사람들은 파블로프가 실시한 개의 실험에서 볼 수 있는 바와 같이 자극과 반사 이론에 기초한 반사적 반응을 한다는 것이다. 외부에서 일정한 자극을 주면 즉각적으로 반응하는 것이 개와 같은 동물이다. 사람들도 이와 유사한 유형이 있는데 이를 반사적 모델이라고 한다. 이들은 사회적 날씨에 해당하는 사회적 여건에 따라 좌우된다. 즉 주위 사람들이 자기에게 잘 대해 줄 때는 그들은 기분이 좋아진다. 그러나 주위 사람들이 자기를 비난하거나 무시하면 방어적이고 자기 보호적이 된다는 것이다.

이에 반하여 우리는 우리의 삶을 결정할 수 있는 자유를 가지고 있다면서 주도적인 모델을 제시하고 있다. 이런 유형을 설명하기 위하여 그 유명한 로고스 심리학자의 사례를 인용하여 설명하고 있다. 그는 프로이드 심리학을 배우고 실천하던 정신과 의사이면서 유태인이었다. 그는 2차 대전 중 나치 독일에 의해 체포되어 유태인 수용소에 갇혀서 상상할 수 없는 비참한 체험을 하게 된다.그의 부모, 형제와 부인은 수용소에서 죽거나 가스실에 보내졌다. 여동생을 제외하고 모든 가족이 몰살당한 것이다. 이런 와중에 그는 죽은 이들의 시체와 재를 치우는 잡부 역을 맡는 등 그야말로 형용할 수 없는 극한 상황 속에서 살았다. 희망이라고는 조금도 찾아 볼 수 없는 절망적인 환경 속에서 그는 삶의 의미를 찾아 나갔다. 자신이 강제 수용소에서 풀려난 후 제자들을 가르치는 장면을 상상해 보았다. 지독한 고문과 환경 속에서 얻은 교훈들을 대학으로 돌아가서 학생들에게 가르치는 광경을 마음의 눈으로 그려 보았던 것이다.

그래서 나치는 그의 주변 환경을 통제하고 원하는 대로 그의 몸을 다룰 수 있었지만 상상력을 이용하여 조금씩 키워온 참된 자유는 빼앗아 갈 수 없었다고 말한다. 보다 큰 내면적 자기 훈련을 통해 체득한 인격은 주위에 있는 동료 수감자들뿐만 아니라 몇몇 감시병들까지도 감화시켰다. 수감으로부터 받는 '고통의 의미'를 찾거나 인간으로서의 존엄성을 되찾게 도와주었던 것이다.

주도적인 인물은 외부 자극에 대하여 감정적이 되거나 분위기나 주변 여건에 따라 행동하는 것이 아니라 심사숙고하여 선택하고 내면화된 가치 기준에 따라 행동한다. 그래서 이들은 외부 자극에 대하여 '즉각적으로 반응하기 전에 잠시 멈춘다' 고 한다. 그리고 여러 선택지 중에 의식적이든 무의식적이든 가치관에 입각하여 선택이나 반응을 한다는 것이다.

즉 주도적인 사람들은 외부 자극에 대해 일단 멈추고 그리고 본인이 어떻게 반응할 것인지를 생각한 다음에 행동한다. 주변 환경이야 어찌할 수 없지만 본인이 무엇을 할지는 전적으로 본인의 자유라는 것이다.

우리는 습관적으로 행동하는 경우가 많다. 늘 하던 방식대로 즉각적으로 반응하고 행동하는 것이다. 이런 자극과 반응 방식을 유지한다면 우리의 미래도 과거와 변함없는 결과를 만들어 낼 뿐이

다. 우리의 앞날을 바꾸고 싶은가? 그러면 이런 습관에서 벗어나야
한다. 그렇게 하려면 먼저 외부 자극에 반응하는 우리의 생각과 행
동 패턴을 지켜보아야 한다. 이른바 명상 훈련으로 우리의 생각과
행동을 지켜볼 수 있게 된다면 습관적으로 하던 '동물적인 자극과
반응 방식'으로부터 벗어날 수 있을 것이다. 결국 주도적인 인물이
되기 위해서는 명상을 해야 한다는 것이다.

우선 자기 자신에게 떠나서

우리의 의식을 천장 구석에 올려놓고

자신의 모습을 내려다보도록 노력하라.

이제 우리는 마치 다른 사람을 보듯이

우리 자신을 바라 볼 수 있는가?

그리고 우리가 현재 느끼고 있는 기분에 대해서 생각해 보라.

지금 무엇을 느끼고 있는가?

우리의 마음은 어떻게 작용하고 있는가?

어떻게 할까 하고 망설이는 자신을 볼 수 있는가?

나는 성격이라는 감옥 속에서
산다

'나' 라고 할 때에 '나' 란 무엇인가? 이 몸을 지칭한 것일 수도 있으며 우리의 성격을 가르치는 용어일 수도 있다. 우리는 흔히 자기의 성격을 '나' 라고 생각하며 산다.

나는 무엇을 좋아하고 무엇을 싫어한다. 이런 호불호의 감정은 '모드' 라는 것이 있고 '정서' 라는 것이 있는데 정서는 분노와 두려움, 즐거움, 흥미와 같은 일시적인 감정이지만 '모드' 는 오랜 시간에 걸쳐 만들어진 전반적인 느낌으로 보다 장기적인 반응 경향을 의미한다. 오랜 생활을 하면서 축적시켜온 반응 체계인 것이다. 이것이 성격을 만들어 간다.

인간의 뇌에는 약 1000억 개의 뉴런신경세포이 있으며 이것이 학습과 감정 그리고 마음과 같은 고도의 정신 활동을 담당하고 있다. 이 뇌세포는 시냅스를 매개체로 사용하여 상호 신호를 주고받는 네트워크를 구축한다. 이런 네트워크 체계에 동일한 전기 신호를 반복적으로 주게 되면 정보 전달 방법이 좋아지는데 이를 장기증강이라고 한다. 그리고 이와 반대로 오랜 시간에 걸쳐 정보 전달 방법이 나빠지는 현상이 장기억압이다. 이런 방식으로 성격이 만들어 진다.

우리 속담에 '세 살 버릇 여든 간다'는 말이 있는 것처럼 어린 시절에 경험한 것들은 대단히 중요하다. 외부 자극으로 인한 심리적 충격은 사람의 평생을 좌우하기도 하는 것이다. 어린 시절에 겪은 마음의 상처가 자라나서 사회 이탈자가 되기도 한다. 정신 이상자만 어린 시절에 받은 마음의 상처가 있는가? 아니다. 일반인들도 어린 시절에 느껴진 것들이 상처가 되고 그로 인해 다양한 성격이 만들어 진다. 왜냐하면 어릴 때는 뇌의 기능들이 미성숙해서 환경의 영향을 잘 받기 때문이다.

누구도 마음의 상처 없이 성장 할 수는 없다. 그리고 대개 이런 마음의 상처를 만들게 되는 사람들은 부모를 포함한 가까운 사람인 경우가 많다.

대체로 어린아이는 어머니를 불편하게 하지 않기 위해서 자신의 기쁨을 억압하게 되는데 이것이 상처이고 초기 성격 형성의 모태가 된다. 이처럼 어떤 형태로도 마음의 상처가 만들어지고 그에 대한

반응 시스템을 프로그램화 하게 되어 있다. 이는 컴퓨터 프로그램
과 같다. 어떤 소프트 프로그램을 가지고 있느냐에 따라 반응 방식
이 달라지는 것처럼 어떤 성격을 가지고 있는가에 따라서 반응 유
형도 달라진다. 이런 반응은 어머니가 나빠서가 아니라 자신에게
없는 기질이 아기에게 나타나도록 허용할 수 없기 때문이다. 이렇
게 형성된 성격 때문에 같은 상황에서 어떤 사람은 공격적인 반응
을 하고 그와는 반대로 움츠려들거나 수동적으로 대응하기도 한다.
이런 유형을 여러 영적 종교적 전통에 따라서 정리한 것이 '9개의
성격 유형Enneagram' 이다.

어린아이들이 자신들의 환경 속에서 살아남기 위해 생존 전략
프로그램을 만든다. 자기가 처한 환경 속에서 위험을 극복하기 위
한 대응 방식을 개발하고 프로그램화 하며 간직하고 있는 것이다.
이렇게 형성된 성격은 우리를 평생 동안 조정한다. 일종의 심리적
인 감옥이 되는 것이다. 이 성격에 따라 인식하는 방식도 달라지고
행동하는 반응 시스템도 달라진다. 이것이 우리 인생을 좌우한다.
좀처럼 이 성향에서 벗어날 수도 없고 그것에 의해 움직이는 기계
처럼 한평생을 영위한다. 우리가 자유롭게 판단하고 행동한다고 생
각하겠지만 거짓말이다. 어릴 때 프로그램화 되어 있는 그 성격에
따라 살아가고 있을 뿐이다.

이 성격이 만들어내는 비극적인 상황을 잘 보여준 문학 작품은
셰익스피어의 4대 비극이 있다. '죽느냐 사느냐 그것이 문제이다'

라고 말한 햄릿은 신중한 스타일의 성격 보유자이다. 지나치게 생각이 많은 그는 결정적인 순간에서도 망설이게 된다. 아버지를 살해한 원수를 죽이고 싶었는데 너무나 쉽게 기회는 다가왔다. 경호원도 없이 혼자 기도실에 있는 그 놈을 발견한 것이다. 그를 죽일 수 있는 절호의 찬스였다. 그런데 망설인다. "저놈은 기도로 그의 영혼을 깨끗하게 씻고 있어. 지금 죽이면 천당으로 갈게 뻔하다. 그렇게 할 수는 없어"라고 빼어들었던 칼을 다시 칼집에 넣는다. 결정적인 순간에 이처럼 주저하게 된다. 보다 완벽하고 확실한 보복을 위해서 후일을 도모한다. 결국 비극의 덩어리를 키워가는 것이다. 작게 끝낼 수 있는 것을 보다 큰 비극으로 키워가게 된다.

우리 두뇌는 외부 자극에 따라 적절하게 대응하는 방법을 결정한다. 감각기관에서 모아진 정보들을 종합하여 대뇌에서 결정하고 이를 몸 전체로 전달하여 반응하도록 하는 것이다. 그런데 인간이 진화하면서 생존 확률을 높이기 위해 보다 빠른 위기 대응 시스템이 필요했다. 그래서 두뇌는 유사한 상황에서는 신속하게 동일한 조치를 할 수 있도록 프로그램화 한 것이다. 이것이 성향이고 성격이다.

인체 내의 환경을 비교적 일정하게 유지하려 하는 특성이 있는데 이를 항상성이라고 한다. 모든 세포는 소량의 체액에 의해 둘러싸여 있으며 이들이 일정 조건을 이탈하면 죽을 수도 있다. 외부 자극으로 인해 항상성에 변화가 생기면 싸우거나 도망갈 것을 결정하게 된다. 이런 반응들이 모이면 습관이 되고 이것이 점차적으로 굳어지면 성격이 된다. 즉 외부 자극에 대해 적극적으로 나서서 해결하려는 공격형이 있는가 하면 상황에 적응하려는 순응 스타일도 있다. 반면에 결정을 포기하고 도피하며 움츠려드는 유형들도 있다. 이것은 선악의 문제가 아닌 생존의 방식이다. 먼저 공격형은 자신이 소망하는 것을 얻기 위하여 자기 의견을 강하게 주장하고 요구한다. 이에 비하여 순응하는 성격 유형은 자기가 원하는 것을 충족시키기 위하여 좋은 아이가 되려고 한다. 즉 필요한 것을 제공할 수 있는 사람이 만족할 만한 행동을 함으로써 무엇인가를 획득하려는 것이다. 그리고 오히려 자기가 원하는 것을 얻기 위하여 움츠려드는 유형도 있다.

또 주로 사용하는 도구에 따라서도 나눌 수도 있다. 자기의 의지를 가지고 행동하는 사람이 있는가 하면 다른 사람들의 감성에 호소하는 사람도 있다. 또 치밀하게 생각하고 계산하는 유형도 있다. 몸으로 직접 행동하는데 초점을 두고 있는 유형은 늘 자신의 의지를 중시한다. 항상 자신의 의지를 관철시키려 하나 그와 반대로 꺾이게 되면 분노하거나 그들의 의지를 감추고 숨기려 한다. 이와는 달리 사람에게 관심이 많고 감정과 이미지에 집중하는 감정 중심의 유형들도 있다. 즉, 자기 이미지를 좋게 하고 칭찬을 받기 위하여 다른 사람에게 친절과 도움을 베푼다. 또 자기가 믿을 만한 사람이라는 것을 알아주기 기대하면서 내면으로 들어가 자기만의 정신 세계를 구축하기도 한다. 그리고 늘 치밀하게 생각하며 정보를 중시하는 사고 중심의 유형도 있다. 이들은 분석하기를 좋아하고 이해를 통해 문제를 해결한다.

이와 같이 어떤 방식으로 대응하는가에 따라 결정되는 3가지 유형과 무엇을 중요하게 생각하는가를 중심으로 나뉘는 3가지 유형이 만나서 다음과 같은 9유형(3×3유형)이 만들어지는 것이다.

제1유형☞ 개혁하는 사람
합리적이며 원칙적이고 대의를 근거로 옳고 그름을 따지는 것을 좋아한다.

제2유형☞ 돕는 사람
다른 사람들을 도와주고 다른 사람들이 의지해 오기를 바란다.

제3유형☞ 성취하는 사람
성공 욕구가 강하고 융통성 있게 실적을 축적하며 이미지 지향적이다.

제4유형☞ 심미안을 가진 사람
창의성과 자신의 감정에 열중하며 직관적이고 개인주의적이며 침울하다.

제5유형☞ 탐구하는 사람
독창적이고 객관적인 정보와 지식을 탐구하는 전문가 스타일이다.

제6유형☞ 충실한 사람

책임감이 강하며 다가올 위험을 미리 걱정하면서 노심초사한다.

제7유형☞ 다재다능한 사람

재능이 많고 재미와 흥분을 자아내는 아이디어와 모험을 즐긴다.

제8유형☞ 지배하는 유형

명령을 내리고 지휘하는 것을 좋아하고 권력에 대한 집착이 강하다.

제9유형☞ 평화주의자

수용적이고 서로 조화를 이루어 갈등 없는 세상을 만들고 싶어 한다.

자기의 성격은 어느 유형에 속할까? 보다 쉽게 자기 유형을 찾을 수 있도록 만들어진 설문지Riso-Hudson Quest를 이용하면 70% 이상 정확하게 판별할 수 있다. 이는 두 그룹으로 나누어 설계되어 있는데 그룹별로 해당되는 유형을 하나씩 선택하여 결정하면 된다. 완전하게 일치되지 않더라도 80~90% 정도 동의하면 그것을 선택하면 된다.

그룹 Ⅰ

가형☞ 나는 독립적이고 자기주장을 잘 한다. 나는 목표를 설정한 후 그 일을 추진한다. 나는 가만히 있기보다는 노력하는 편이다. 나는 정면대결을 좋아하지 않지만 누가 나를 통제하는 것도 싫어한다. 대개 나는 내가 하고자 하는 것을 잘 알고 있다. 나는 일도 노는 것도 열심히 한다.

나형☞ 나는 사회적인 활동을 활발하게 하고 싶지도 않으며 대체로 나의 의견을 강하게 주장하지도 않는다. 나는 앞으로 나서거나 다른 사람과 경쟁하는 것을 그리 좋아하지 않는다. 상상의 세계 안에서는 많은 흥미로운 일들이 전개된다. 나는 적극적이고 활동적이기보다는 조용한 성격이다.

다형☞ 나는 아주 책임감이 강하고 헌신적이다. 사람들이 필요로 할 때 내가 그들을 도와주려고 한다는 것을 알아주었으면 좋겠다. 나는 그들을 위해 최선을 다할 것이다. 나는 내 자신을 제대로 돌보지 않는다. 내가 해야 할 일을 한 다음에 휴식을 취하거나 내가 하고 싶은 일을 한다.

그룹 II

A형☞ 나는 대개 긍정적인 자세로 생활하며 모든 것이 나에게 유리한 쪽으로 풀린다고 생각한다. 나는 나의 열정을 쏟아놓을 수 있는 여러 방법을 찾는다. 나는 다른 사람들에게 항상 긍정적으로 보이고자 노력하기 때문에 가끔은 내 자신의 문제를 뒤로 미루기도 한다.

B형☞ 나는 어떤 것에 대해 강한 감정을 가지고 있다. 나는 사람들 앞에서 내 감정을 억제하지만 남들이 생각하는 것보다 더 민감하다. 어떤 일에 내가 화가 났을 때 사람들이 나만큼 그 일을 해결하려고 노력하기를 바란다. 하지만 사람들이 내게 무엇을 하라고 지시하는 것을 좋아하지 않는다.

C형☞ 나는 스스로 잘 통제하고 논리적이다. 나는 효율적이고 완벽하게 일을 처리하며 혼자 일하는 것을 좋아한다. 어떤 사

이 두 가지 유형의 질문을 조합하여 다음과 같은 기준 표에 의해
자기 유형을 찾아 낼 수 있다.

유형 판별 기준					
그룹 조합	유 형	그룹 조합	유 형	그룹 조합	유 형
가형+A형	7유형	나형+A형	9유형	다형+A형	2유형
가형+B형	8유형	나형+B형	4유형	다형+B형	6유형
가형+C형	3유형	나형+C형	5유형	다형+C형	1유형

이와 같이 우리는 자기만의 성격 유형을 가지고 살아간다. 이런
성격은 성장 과정에서 만들어 지는 것으로 평생을 그런 방식으로
살아가게 되는 것이다. 마치 기계나 전산 프로그램처럼 어떤 외부
자극에 대해서 동일하게 반응하고 행동한다. 그런데 그런 사실을
깨닫지 못하고 있다. 자신의 성격을 자신과 더 많이 동일시할수록
더욱 그러하다. 나는 원래 그런 사람이다. 나는 그렇게 할 수밖에
없다고 생각하고 그렇게 하는 것은 당연하다고 생각하면 할수록 우
리가 취할 수 있는 선택의 폭은 그만큼 적어진다. 그 틀에서 벗어날
수 없게 된다. 즉 자기 성격의 감옥 속에서 평생을 보내게 된다. 그
와 동시에 '나는 이 패턴이다' 라고 굳게 믿게 된다. 그러면 우리의

잠재력은 자기가 선호하는 특정한 명령에만 주의를 기울이고 그것만을 경험하게 된다.

우리가 과거와는 달리 행동하려 해도 안 된다. 그것은 우리 내면에 깊이 잠재되어 있는 불안감이 그렇게 만든다. 우리 속에 있는 부족한 어떤 것이 우리로 하여금 동일한 반응을 하게 하는 것이다. 다른 방식으로 반응하면 내면에 간직된 무엇인가에 의해서 불안해 진다. 결국에는 그렇게 될 수밖에 없다. 이것을 깨닫고 극복하는 것은 대단히 어려운 일이다. 그래서 우리는 자기 성격이라는 감옥에서 평생을 보내게 되어 있는 것이다.

이 성격의 감옥을 철저하고 정직하게 직시하여 깨달음을 얻게 되면 나의 성격과 동일시하는 것으로부터 일차적으로 탈출할 수 있다. 즉 이런 성격은 어린 시절의 상처로 인해 만들어진 것이므로 명상과 자기 주시를 통하여 그 당시로 돌아가 아픔을 이해하고 용서하면 된다. 이를 자신의 성격으로부터 탈동일화라고 한다. 모든 명상의 방편은 성격이나 마음을 진정한 의미에서의 자기와 동일시하려는 굴레에서 초월할 수 있게 한다. 요가나 명상은 현실을 부정하는 것이 아니라 우리의 성격과 마음을 자신과 동일시하는 것을 반대할 뿐이다.

이런 성격 유형 분석 방법은 당초 이슬람 계통의 수피즘에서 수행의 방편으로 사용하던 방식이다. 그들은 신과 하나가 되는데 있어서 가장 큰 방해가 되는 요인은 우리가 '나'라고 생각하는 에고이즘이라고 생각했다. 자기중심적으로 생각하고 판단하며 왜곡하는 에고가 남아 있는 한 신과의 합일 체험은 불완전하거나 불가능하기 때문이다.

이런 에고의 특성을 파악하기 위해 수피주의 스승에게 비밀스럽게 전해지던 것이 이런 성격 유형 분석 방법이다. 에고에서 벗어나 신과의 합일 체험을 하도록 도와주기 위해 개발된 것이다.

우리 성격과의
탈동일화 여정

우리의 성격 유형은 여과지와 같다. 그로 인해 인식과 패러다임이 달라진다. 파란색 안경을 끼고 세상을 보면 온통 파랗게 보이고 빨간색 안경은 우리를 빨간 세상 속으로 빠지게 만든다.

그러나 이런 인식과 패러다임이 우리의 근본적인 존재 방식이라고 할 수 없다. 우리의 본질 또는 순수의식은 이런 성격과는 다른 방식으로 존재하며 이것은 개개인의 성격과는 구별되어져야 하는 것이다. 우리가 성격이나 인격이라고 하는 것은 옷과 같다. 우리의 몸이 옷 속에 있는 것처럼 우리의 본질은 이런 성격이나 인격 속에 숨어있다.

그런데 우리가 우리의 성격을 직시하고 이를 초월하여 자신의 중심을 찾고 본질적인 존재와 만나게 되면 기분 좋은 상태와는 명백하게 다른 고요한 환희를 체험하게 된다. 그러기 위해서는 먼저 좀 더 의식적으로 자신의 성격에 관한 자기 관찰자가 되도록 해야 한다. 무의식적인 충동으로 나타나는 자기 반응들로부터 자유로워 지려면 자기 관찰이 필수적이다.

우리는 운전을 배울 때 먼저 이론부터 배워야 한다. 자동차의 작 동 원리와 운전 방법을 이론적으로 배운다. 그것으로 우리는 운전 할 수 있게 되는가? 아니다. 그것을 몸으로 체득하는 단계를 거쳐야 한다. 처음에는 우리의 성격 유형을 이해하고 확인하는 과정이 있 어야 하지만 그 다음에는 그것이 현실 생활에서 어떻게 작동되는지 알아차려야 한다. 우리가 움직이고 활동할 때마다 느껴지고 선택하 는 그 순간을 다 알아차려서 깨어 있어야 한다. 우리는 잠들어 있 다. 본능적으로 선택하고 말하고 행동하는 것들이 다 그러한 것이 다. 깨어 있어야 한다. 그럴 때 자유스러워 질 수 있다. 그렇게 되었 을 때 우리는 성격의 감옥에서 해방될 수 있다. 비로소 자유인이 되 는 것이다.

깨달음의 순간에 서로 분리된 듯 보이는 모든 것이 실은 하나이 고 전체이며 통일된 존재라는 사실을 알게 된다. 이것이 깨달음의 진리이다.

우리의 성격과 그로 인한 습관적 반응으로부터 탈동일화하는 과 정을 여러 차례 경험하고 나서야 비로소 비동일화를 위한 추진력을 획득할 수 있다. 그러나 우리의 일부분은 우리가 계속 잠들어 있기를 원하며 존재로부터 도피하며 점차 더 많은 것을 깨닫지 못하도록 방해하고 있다.

우리는 영적으로 충만한 경험을 하고 나서도 곧바로 두렵고 부정적인 상태가 된다. 영적 성장으로 새로운 가능성도 보게 되지만 더 깊은 곳에 있는 또 다른 감정의 막힘을 만나게 되는 것이다. 우리가 전체적인 본질이나 순수의식을 보고 깨달아 우리 의식이 전체와 조화를 이루며 재구성될 때까지 여러 번 극복해 가야 한다.

우리는 어릴 때 형성된 자신의 성향을 자기 것으로 만들었을 뿐인데 그것으로부터 벗어나지 못한다. 갇혀 있다는 사실조차도 인식하지 못하는 것이다. 우리는 아름다운 정원이 있는 저택을 부여받았는데도 지하실의 작은 창고 속에 자신을 가두어 두고 있는 것과 같다. 우리들 대부분은 그처럼 큰 저택이 있는 지조차 모른다. 혹은 자신이 그 집의 주인인 것도 모르고 살아간다.

우리가 이처럼 자기 성격을 파악한 후 명상 과정에서 이를 확실히 깨달아 알게 되면 한층 더 성장할 수 있다. 외부 자극에 대해 우리의 성격 시스템이 늘 어떻게 반응하는가를 주시하기만 하면 성격의 감옥에서 벗어나 보다 큰 영역으로 성장해 갈 수 있다.

그렇게 되면 우리 생활의 영역이 전보다 더 확장되고 우리의 잠재력도 사용할 수 있게 된다.

즉 개혁가 스타일은 원칙과 하나의 올바른 방법만 고집하는 자세에서 벗어나 다른 가능성과 대안도 인정하고 개방적이 된다. 이런 것은 자연스럽게 나타나는 것이다. 이와 반대로 자기의 성격과 자신을 동일시하면 스트레스는 더 커지고 역으로 타인을 배격하고 파괴하는 방향으로 흐른다.

이 시점에서 9가지 유형 가운데 다른 성격보다 더 좋고 나쁜 유형은 없다는 사실을 밝히고 가야겠다. 단지 자기 본래의 성격에서 벗어나 보다 개방적이 되면 모든 유형을 이해하고 포용할 수 있는 방향으로 나갈 수 있는 것이고 이와 반대로 자기 성격이라는 감옥에 갇혀서 빠져나오지 못해 그 성격을 강화하고 퇴화하여 고립되는 방향으로 흘러갈 수도 있다. 늘 명상과 마음 공부를 지극히 하여 깨달음의 경지에 이른 사람들은 이해의 폭이 현저하게 넓어진다. 어느 한 쪽으로 기울지 않고 모든 것을 이해하고 수용할 수 있게 된다.

어떤 사람이 어느 유형에 속한다고 하여 그런 성격의 특성만을 가진 것은 아니다. 주로 개혁자 기질이 강하다고 해도 다른 특성이 없는 것은 아니다. 다만 개혁가 기질이 보다 크고 다른 특성이 보다 적게 나타났을 뿐이다. 모두 특성을 다 수용할 수 있을 만큼 이해의 폭을 넓히려면 먼저 내가 어떤 색안경을 끼고 세상을 바라보고 있는지 보아야 한다. 이것이 보여야 다음 단계로 나아갈 수 있다.

깨달은 자의 두뇌를 검사해보면 그들의 두뇌가 전체적으로 사용되고 있다는 사실을 발견하게 될 것이다. 모든 사람을 이해하고 수용할 수 있으며 어떤 문제든 투명하게 볼 수 있다. 그들의 눈은 무지개처럼 아름답게 빛난다. 7개 색깔의 빛이 합쳐지만 투명한 빛이 된다. 어떤 선입견도 없다. 그래서 그들의 두뇌는 하나도 남김없이 모두 사용된다.

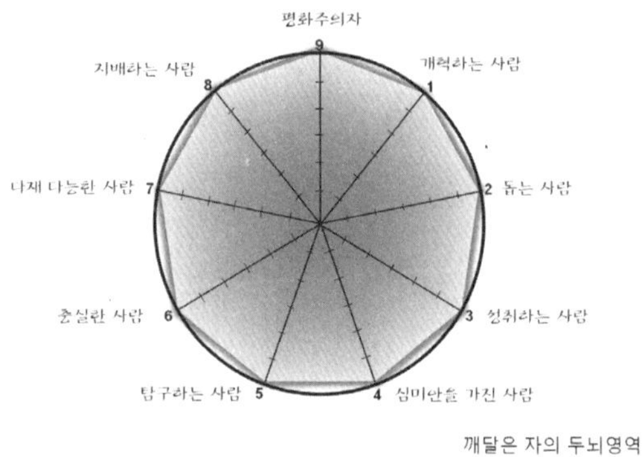

깨달은 자의 두뇌영역

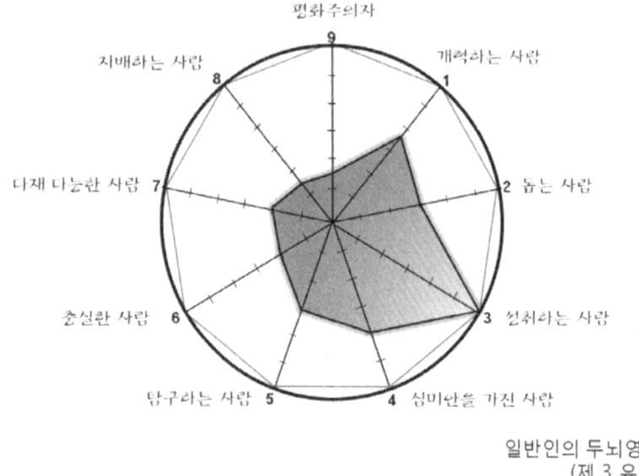

일반인의 두뇌영역
(제 3 유형)

자기 관찰과 명상

타락한 세상을 바꾸고 싶은가?

제1유형 개혁하는 사람

노무현 전 대통령은 이런 유형이다. 그런 특성이 잘 드러난 시기가 3당 합당이 이루어진 1990년이었다. 영남 중심의 정치 세력인 두 정당이 합당한 것이다. 그러면서 민주계와 비민주계로 나뉘어 대립하던 구조가 무너지고 호남과 비호남의 지역구도로 바뀌게 된다. 정치적 이익을 위해서 명분과 원칙을 포기하고 야합하는 상황이 벌어진 것이다. 그로서는 용납할 수 없는 상황이 전개되고 있었다. 이에 기존 정치세력들을 비판하면서 탈당을 한다. 이것은 모험이었다. 그런 후에 그의 행보는 좀 더 과감하게 지역감정을 정면 돌파하는 방식으로 나아간다.

강한 지역주의가 한창 기승을 피우고 있는 시점에서 호남에 정치 기반을 둔 민주당 공천으로 부산에서 국회의원 선거에 출마했다. 사람들이 모두 안 될 것이라고 만류했음에도 불구하고 "큰 새는 바람을 거슬러 날고 살아 있는 물고기는 물살을 거슬러 헤엄을 친다"는 거창한 선거 구호를 내걸고 나섰지만 떨어졌다. 그런데 상황은 반전되었다. 자기 이익을 위해서 무엇이든 하는 기존의 정치 풍토와는 달리 지역 타파라는 대의를 위해 분투하는 그의 모습은 많은 사람을 감동케 할 만한 일이었다. 신선한 충격이었다. 국회의원은 되지 못했지만 국민을 감동시켰다. 이를 계기로 드디어는 대통령에 당선된 것이다.

이처럼 이들은 기본적으로 나쁘고 부도덕한 부패를 싫어하며 선하고 올바르며 균형 있는 삶을 추구한다. 또 "옳은 일을 할 때 우리는 좋고 괜찮은 사람이라고 할 수 있다"는 신념을 가지고 있다.

다음의 항목을 읽고 어디에 해당되는지 체크하세요.

【보기】	1점☞ 전혀 그렇지 않다. 2~4점☞ 거의 그렇지 않다. / 어느 정도는 그렇다. / 대개는 그렇다. 5점☞ 매우 그렇다.

1. 대부분이 나를 융통성 없다고 생각한다. 실제 그런 사람이다.(　　)점
2. 어떤 대가를 치르든지 내 양심에 따라서 행동한다.(　　)점

3. 내 머릿속에는 심판관이 있어서 그 심판관은 현명하고 분별력이 있지
   만 많은 경우에 고집도 세고 가혹하다.(   )점

4. 남들처럼 웃기를 좋아한다. 그러나 나는 더 자주 웃어야 한다.
   (   )점

5. 나는 왜 많은 사람들이 성취 동기가 낮은지 이해하지 못하겠다.
   (   )점

6. 나에게는 중대한 소명이 주어졌다. 나는 뭔가 뛰어난 업적을 남겨야
   한다고 믿는다.(   )점

7. 나는 실수하는 것을 아주 싫어한다. 그래서 모든 것을 제대로 하기 위
   해서 아주 철저하게 일을 하려고 한다.(   )점

8. 대체로 옳은 것은 옳은 것이고 틀린 것은 틀린 것이라 믿는다.
   (   )점

9. 일을 맡겼을 때 간섭하지 않고 그대로 내버려 두기가 어렵다.(   )점

10. 나에게는 많은 책임이 주어졌다. 내가 어려운 시기에 잘 대처하지 않
    았다면 무슨 일이 벌어졌을지 아무도 모른다.(   )점

※ 점수를 합산하여 30점 이상이 되면 이 유형이라고 할 수 있다.

   ~20점 ☞ 제1번 유형이 아닐 것이다.
   20~30점 ☞ 제1번 유형과 비슷한 특성을 가지고 있다.
   30~40점 ☞ 제1번 유형의 성격을 가지고 있는 것 같다,
   40~50점 ☞ 제1번 유형일 가능성이 가장 많다.

　대개는 어릴 때 가혹한 시련을 경험한 경우가 많으며 아버지나
어머니가 지나치게 강요적이거나 비판적인 엄한 가정에 자랐을 가
능성이 많다. 이런 엄격한 가풍 속에서 규칙을 어기면 호된 꾸중을

든게 되었을 것이다. 그래서 이들은 다시는 실수를 저지르지 않겠다고 맹세하고 모범생으로 자라게 된다. 그러나 성인이 되어 사회 생활을 하면서 공식적인 규칙이 기대했던 만큼의 보상을 가져다주지 않는다는 것을 깨닫게 된다. 거짓 약속에 속았다는 생각 때문에 굴욕감을 느끼고 세상과 자신을 향해 화가 나 있다. 그러나 너무 감정적으로 되는 것 자체를 꺼리기 때문에 이들은 자신의 분노를 제대로 느껴 보는 일마저도 드물다.

원칙주의자이며 명예로움을 신봉하는 청교도와 같은 삶을 살고자 한다. 사회적 가치와 윤리 문제에 가장 집착하는 경향을 보인다. 또 무능력, 책임감 결여, 무질서, 위선, 무례함, 틀린 문법과 철자 그리고 무엇보다도 가치 의식의 부족과 같은 것들을 그냥 참고 넘기지 못한다. 모든 일을 교과서대로 완전무결하게 처리하려할 뿐만 아니라 다른 사람도 그렇게 하라고 가르치려 한다. 세부까지 철저히 통제하는 완벽주의자들이다. 그런 그들은 늘 말쑥하고 단정하며 예의 바르고 경직된 자세로 입을 굳게 닫고 있는 경우가 많다.

이들은 실용주의적이며 확고한 목적의식을 가지고 열심히 일해서 많은 업적을 성취한다. 다른 사람들도 자기의 자존심을 유지하는 범위 내에서 최선을 다하도록 많은 관심을 가지고 도와주기도 한다.

반면에 지나치게 세부 지향적이기 때문에 나무만 보고 숲을 보지 못해 지나치게 시간이 많이 소요된다. 본질보다 형식과 법률에 더 많은 관심을 기울인다. 그러므로 고객 지향적이거나 시장 지향적이 아니라 이상 지향적이다.

특히 이들 속에는 감시자가 있어서 이들을 감독하고 컨트롤하므로 늘 책임감이 지나치게 강하다. 다른 사람들도 자기들처럼 내부에 이런 감시자가 있다고 생각한다. 같이 일할 때에 중요하게 여기는 것은 더 큰 이익을 위한 것이나 더 나은 사람이 되는 것이다. 곧잘 논쟁을 하며 물건을 비교해 보고 더 좋은 것을 쉽게 선택한다.

이들은 스트레스가 많아 좌절하게 되면 이상에 대한 환상이 깨져서 우울하고 자기 파괴적이 된다. 이러할 때 자신들이 철칙이라고 믿고 있는 것들에서 이탈하여 긴장을 늦추는 방법도 좋다. 주말에는 일상에서 벗어나 홀로 여행을 떠나거나 은밀하게 포르노를 즐기는 것들이 이런 것들이다.

이보다 명상 과정에서 자기의 성격 유형이 어떠한 것인가를 관찰하여 깨달은 다음에 평상시에도 늘 자기가 어떻게 반응하고 있는가를 주시하는 방법이 더욱 좋다.

또 종교적인 신앙과 사랑을 가지고 다른 사람의 입장을 이해하고 존중하게 되면 하나의 올바른 방법만 고집하는 자세에서 자유로워질 수 있다. 보다 폭 넓게 여러 가능성과 대안에 대하여 오픈 마인드를 가지고 접근할 수 있게 된다. 동시에 피할 수 없는 불완전

성도 받아들여 더 이상 모든 것을 완벽하게 하기 위해 투쟁하지 않
게 되므로 보다 관대해지고 인생을 즐길 수 있게 된다. 더불어 세상
을 판단하는 자신의 기준들이 절대적인 진리가 아니라는 것도 이해
하기 시작한다.

나를 관찰하는 명상, 위빠사나

명상은 과학이다. 철학은 '왜' 라는 질문에 그 답을 찾아가는 것
이라면 과학은 '어떻게' 라는 물음에 관심이 모아져 있다. 그래서
명상은 방법과 기법에 초점이 맞추어 있다. 실제 행해지는 구체적
인 테크닉과 그 체험을 중요하게 생각하는 것이다.

먼저는 편안하게 앉아 눈을 감는다. 엉덩이는 좌우 양쪽으로 균
등하게 몸무게를 배분하여 앉는다. 엉덩이의 감각이 예민해지면 어
렵지 않게 균형감을 느낄 수 있다. 그 순간 우리는 중심에 이르게
된다.

이렇게 준비되었으면 지금부터는 호흡에 따라 '불러왔다 꺼졌다
하는 아랫배의 움직임' 을 관찰한다. 들이마시는 숨과 함께 몸속으

로 들어가는 공기의 흐름에 따라 배가 불러오는 것을 느낀다. 그와 더불어 모든 생각들을 배로 내려가게 해서 거기에 머물도록 한다. 숨을 내쉴 때는 배가 꺼지면서 몸의 긴장과 스트레스가 사라지면서 온몸이 부드럽고 깨끗해지는 것을 느껴지도록 한다. 굉장히 어려운 것을 요구하는 것이 아니라 작은 노력만 필요하다. 땀을 흘리며 힘 겹게 노력할 것이 아니라 단지 예리하게 호흡의 들어옴과 나감을 주시해야 한다.

이렇게 앉아 아랫배의 움직임을 주시하는 것이다. 아랫배가 불 러오면 '불러옴' 이라고 명명하며 그 움직임을 관찰하고 꺼질 때도 마음속으로 '꺼짐' 이라고 명명하며 그 움직임을 주시한다. 불러옴 이나 꺼짐이라고 명명하는 것이 의식을 호흡에 따라 움직이는 아랫 배의 동작에 잘 집중하게 하기 위함이다. 만일 배가 들어오고 나감 이 분명하지 않으면 양 손을 아랫배에 얹고 느껴보는 것도 좋다.

그러면 그 순간 마음은 움직일 공간이 없어진다. 마음이라는 것 은 언제나 과거나 미래로 움직일 수밖에 없다. 지금 현재에 머물러 있지 못하고 과거의 어느 순간에 있었던 일들을 상기하고 그때의 슬픔과 기분 좋음을 찾아가거나 미래의 두려움이나 목표에 사로잡 혀 있는 것이다. 그러나 이렇게 호흡을 지켜보고 있으면 오로지 현 재 이 순간에 머물 수 있게 된다. 들이마시는 숨은 탄생이요, 내쉬 는 숨은 죽음이다. 아이가 태어나 처음으로 공기를 들이마시면서 생명은 시작되고 마지막으로 내쉬면서 죽는다. 그 사이에 있는 것이 우리의 삶이다.

앉아서 명상을 하다보면 통증이 느껴질 수 있다. 이처럼 통증이 나타날 때는 기본적인 관찰 대상인 호흡으로 마음을 되돌리려고 해서는 안 된다. 그 순간은 호흡보다 아픈 것을 지켜본다. 그러면 이상한 일이 일어난다. 다리에서 통증이 느껴지면 다리에 집중한다. 그러다 보면 다리가 아니라 무릎에서 통증이 느껴진다. 다시 무릎을 주시하고 있으면 무릎 전체가 아니라 어느 한 지점에서 아픔이 느껴짐을 알아차릴 수 있다. 이런 식으로 통증이 일어나는 지점을 좁혀가다 보면 어느 순간 통증이 사라진다. 그러면 다시 호흡으로 돌아와 아랫배의 나오고 들어감을 지켜보면 된다. 또 어떤 소리를 듣게 되는 경우에는 '들음', '들음' 이라고 명명하며 그것을 관찰한다. 그런 다음 다시 호흡으로 되돌아온다.

이처럼 훈련이 되면 일상생활에서도 응용할 수 있다. 지금 이 순간에 나타나는 생각과 그것과 함께 나타나는 감정들을 있는 그대로 주시하는 것이다. 배고픔도 관찰할 수 있다. 우리는 흔히 '내가 배고프다' 라고 말한다. 이것은 잘못된 표현이다. 우리가 주체이고 배고픔은 내가 아니라 나에게 일어나는 하나의 느낌일 뿐이다. 배고픔과 나를 동일시하지 않도록 해야 한다. 일상적인 감정에 대해서도 관조자가 되어야 한다. 이것은 요가의 궁극적인 목표일뿐만 아니라 모든 종교의 궁극적인 목표이기도 하다. 그저 단순히 주시만 한다. 적의를 가지고 비난하거나 호감을 가지고 좋아할 필요가 없다. 그냥 지켜보기만 한다.

조깅을 하면서 할 수도 있다. 발걸음에 맞춰 '하나 둘', '하나 둘' 하는 리듬에 마음을 집중한다. 또 수영을 할 때는 팔로 물을 가르는 동작을 주시하면서 오른팔로 물을 헤칠 때면 '오른쪽', 왼팔일 때는 '왼쪽' 하는 식이다.

매일 밤에 하는 흘려보내기 명상

우리 마음은 지난 감정의 잡동사니로 가득하다. 과거 경험들의 잔재 감정들이 모여 있는 것이다. 어떤 외부의 사물을 보거나 상황을 만나면 그 즉시 감정이 만들어 진다. 좋다거나 싫은 감정이 나타나고 기쁘거나 슬픔도 만들어진다.

어떤 물건과 함께 기쁨을 겪었던 일이 있으면 우리 마음은 그 물건을 볼 때마다 나도 모르게 기쁜 마음이 생긴다. 이와 반대로 고통스러운 시기에 보았거나 매개물이 되었던 물건은 그로인해 슬픔 감정이 나타나도록 프로그램화 되어 있다.

이런 감정의 덩어리가 우리라고 착각하고 있는 것이다. 그런 감정이 바로 우리인가? 여기에 볼펜이 있다. 꼭 쥐고 글씨를 쓸 수 있는 유용한 도구이다. 나의 분신처럼 내 마음대로 사용할 수는 있지만 이것이 우리일 수는 없다. 볼펜을 손바닥에 놓고 굴려보면서 느껴보면 분명 이것은 우리가 아니다. 감정도 이와 같은 것으로 우리가 아니다. 그것을 쥐고 있으니 우리의 일부라고 착각하는 것이지 우리가 아닌 것이다. 우리가 어떤 감정을 느끼는 것이지 그 감정이 우리는 아닌 것이다. 우리가 기쁜 것이 아니라 우리가 기쁜 감정을 느낄 뿐이다.

컴퓨터를 원활하게 사용하려면 지금은 사용하지 않는 과거의 부산물인 프로그램이나 저장물을 버려야하는 것처럼 우리 마음속에 잠재된 심리적인 쓰레기들도 제거해야 한다. 그렇게 하려면 어떻게 해야 하는가? 우리는 먼저 '무관심', '갈망', '분노'와 같은 감정을 흘려보내고 보다 높은 차원의 감정 에너지가 드러나도록 해야 한다.

모든 것은 3단계로 이루어진다. 현재 가지고 있는 감정을 '있는 그대로' 그 상태로 확인하는 것이 처음이요, 그런 감정을 부정하지도 말고 인정하는 것이 그 다음이다. 느껴졌던 감정들을 있는 그대로 보고 "내가 그 당시 그런 감정이 있었음"을 솔직하게 인정하는 것이다. 숨기거나 감출 필요가 없다. 마지막으로 수용하는 단계이다. 그 일이 그렇게 된 것은 보다 큰 차원에서 볼 때는 당연한 것이며 일어날 일이 일어난 것이다. 그리고 그것들은 지나간 것이다. 아쉬울 것도 후회할 것도 없다. 밝은 태양빛으로 쓰레기를 끌어내는 과정이다. 그러면 이런 과거의 감정들은 저절로 사라지고 평화의 단계에 이르게 된다. 모든 감정은 우리 마음의 겉표면에 머물러 있다. 감정의 중심은 텅 비어 있기 때문에 고요하고 평화롭다. 소용돌이치는 물결 속이 고요히 정지되어 있듯이 우리의 마음도 그러하다. 그런 감정을 드러내어 의식의 표면 위로 드러내면 비눗방울이 터져 없어지는 것처럼 사라진다. 마음의 백지가 만들어지는 것이다. 무엇이든 새롭게 그릴 수 있는 토대가 만들어지는 것이다.

매일 밤에 혼자서 할 수 있는 간단한 '흘려보내기' 방법을 소개한다. 잠자기 전에 누워서 그 날 일을 하나씩 떠올린다. 시간의 역순으로 더듬어 가면 하루의 일과를 모두 찾아 볼 수 있다. 중요한 것은 그때 떠오른 것들에 대해서는 일체 개입해서는 안 된다. 누구에게 심한 모욕을 당했다고 해도 그냥 관찰자의 입장에서 보는 것이다. 그 사람을 욕하거나 분노해서도 안 된다. 좋은 일이 있어 칭찬을 받았다고 해서 즐거워해서도 안 된다. 그저 지켜보기만 한다. 낮에 있었던 여러 일들을 마치 방관자가 된 것처럼 회상하면 마음이 편안해 질 것이다. 불면증이나 악몽을 꾸는 사람들에게 특히 좋다.

마음의 상처 치료하기 명상

우리 마음은 무관심, 갈망, 분노와 같은 한 무더기의 썩은 사과로 둘러 쌓여 있다. 그 위에 행복한 감정이나 긍정적인 정서와 같은 좋은 사과를 가져다 놓아도 그 밑에 있는 사과로 인해 썩어 버리게 될 것이다.

이런 감정은 실제 생활에서도 나쁜 영향을 미치고 우리를 괴롭힌다. 실제로 투자를 하는 것보다 가상적인 게임을 할 때 얻어지는 투자 수익이 더 크다. 도상으로 훈련할 때는 마음 편히 운영하다가 실전에 나아가면 감정에 휘둘려 실수도 하고 손해도 본다. 두려움이나 분노, 슬픔과 같은 감정이 우리를 교란시키기 때문이다. 그러나 이런 감정을 모두 흘려보내기를 통하여 제거하면 그만큼 좀 더 효과적인 활동을 할 수 있게 된다.

왜 이런 마음의 상처가 생기는 것일까? 먼저는 다른 사람으로부터 '나'를 구별하는 분리 의식이 그렇게 만든다. 태어나면 바로 나라는 인식이 만들어 지는 것이 아니다. 그런 의식은 부모와의 관계 속에서 시작된다. 어린아이의 이름을 부르면서 최초의 관계 맺음이 이루어진다. 그러나 이 시기에는 자신에 대한 집착이 없다. 그러다 두 살이 지나면서 자신이 분리된 존재라고 것을 믿게 된다. 내 장난감과 내 물건이라는 인식이 나타나면서 나라는 믿음은 점점 더 커져 간다. 동시에 모든 것을 자신이 바꾸고 싶어 하는 방식으로 변화시키려는 미운 세 살이 되는 것이다. 이렇게 시작한 우리의 삶은 무엇인가에 집착하거나 그와 반대로 무언가를 회피하면서 살아가게된다. 집착이라는 것은 가까이 두고 싶어 하는 것을 의미하며 회피라는 것은 멀리 피하고 싶어 하는 것을 말한다. 이 두 가지가 불필요한 고통의 원인이 된다.

그렇다면 우리는 왜 집착하거나 회피하려 하는가? 우리에게 다음과 같은 3가지 욕망이 있기 때문이다.

첫째는 상황을 '통제' 하여 내가 하고 싶은 방식으로 바꾸어 보려는 욕구이다. 반대로 어려운 상황이 되면 우리의 삶과 감정의 책임을 다른 누군가에게 전가시키려 한다. 그래서 무엇을 해야 할지 다른 사람의 의견을 듣거나 누군가의 지시에 따라 순종함으로써 책임을 회피하는 것이다.

둘째는 다른 사람들로부터 '인정' 받고 우리를 좋아하게 만들고 싶어 하는 것이다. 이런 마음이 일어나는 그것은 남의 시선을 의식하기 때문이다. 도저히 다른 사람들이 나를 인정하지 않으려는 상황이 되면 자기 자신을 그들로부터 고립시키거나 역으로 미움을 초래하는 경우도 있다.

셋째는 우리 삶을 위협하는 것으로부터 나를 지키려는 '안전과 생존'의 욕구이다. 이와 반대로 마치 생활이 나를 보존하기 불가능할 정도가 되면 때로는 삶을 두려워하게 되고 그것을 빨리 끝내고 싶어 하는 마음으로 나타나기도 한다. 이처럼 죽고 싶어 하는 욕망도 안전과 생존의 다른 측면인 것이다.

모든 욕구는 이 3가지로 구분할 수 있으며 어떤 일이든 이런 욕구가 작용하게 되어있고 이로 인해 좋거나 싫어지게 되는 것이다. 이런 욕구가 충족되면 그 일이나 사람이 좋아지고 좌절되면 싫어진다.

이런 원리를 응용하여 우리는 '흘려보내기'를 할 수 있다. 먼저 마음의 상처가 되었거나 기피하고 싶은 사건이나 사람을 결정해야 한다. 그런 다음에는 그 일에 대한 좋은 점과 싫은 점을 기술한다. 몇 개 항목이 되었던 관계없이 모두 기록한다. 그런 후에는 그것이 싫거나 좋아진 이유를 찾아야 한다. 각 항목별로 어떤 욕망이 작용하고 있는가를 확인하여 기술하는 것이다. 그리고 마지막으로 흘려보내기 명상을 하는 순서로 진행해야 한다.

【주제】 직장을 퇴직하고 요가 및 명상분야에서 창업한다

좋아하는 점	싫어하는 점
—하고 싶은 일을 하게 되었다. : 통제, 인정 —장기근속으로 인한 권태감에서 해방된다. : 통제 —정년퇴직의 우려가 없다. : 안전과 생존	—미래 소득이 불안정하다. : 안전과 생존 —창업에 필요한 자금이 부족하다. : 안전과 생존 —일시적으로 사회 인지도가 떨어진다. : 인정

사실 이와 같이 정리를 하면 그 즉시 상당 부분 '흘려보내기' 가 되어진 상태이다. 남아 있는 부분이 있으면 명상 자세로 앉아 하나씩 '흘려보내기' 순서에 따라 인정하고 수용하면 된다. 그 순서는 앞에서 한 것처럼 3단계로 나누어 진행하면 된다. 먼저는 있는 감정을 확인하는 것이요, 그 다음은 그런 감정을 부정하거나 감추지 말고 인정하는 것이다. 마지막으로 '당연히 일어날 일이 일어난 것' 이라고 수용하는 단계이다.

모든 사람에게 사랑받고
싶은가?

제2유형 돕는 사람

관우처럼 많은 사람들로부터 사랑받는 인물도 드물 것이다. 왜 그런가? 조조가 적벽대전에서 곤경에 처했을 때 그의 인물됨을 평가하기를 "윗사람에게는 오만해도, 아랫사람에게는 다정하고 약한 자를 무시하지 않는다. 그리고 신의를 중히 여기는 사람이니 친히 옛 일에 대해 말씀드리면 이 위기에서 벗어날 수 있을 것이다"고 말한다. 당초 공명이 조조에게 은혜를 입은 관우만은 패전하여 도망가는 조조를 보아도 눈감아줄 우려가 있다며 조조의 퇴로를 차단하는 작전에서 배제하려 했다. 그럼에도 불구하고 쓸데없는 걱정이라고 하면서 각서까지 쓰고서야 참전했던 작전이었다. 그런 그가 퇴로를 열어준 것이다. 이처럼 약자에게는 무한정 약한 모습을 보여주었던 맹장이다.

젊은 시절 관우는 정의감에 불타는 협객이었다. 지방 현령의 처남이 민가 처녀를 납치하여 겁탈했다는 사실을 알게 되었다. 그 즉시 의분을 참지 못하고 관아에 뛰어들어가 현령과 그 처남을 몰살하였다. 다른 한편으로는 명예를 대단히 중시했다. 무예가 뛰어난 마초와 대결하려는 것을 '마초가 뛰어나다 하지만 공의 상대가 될 수 없다'는 공명의 칭찬에 흐뭇한 미소를 지으면서 '공명이 나를 안다'고 했다는 일화를 보면 그렇다.

이들은 아무도 자신을 좋아하지도 않고 필요로 하지 않게 되는 상황을 가장 두려워하며 늘 사랑받고 있다는 사실을 확인하고 싶어 한다. 이들은 "다른 사람에게 사랑받고 있으며 가까이 지낼 수만 있다면 우리는 괜찮은 사람이다"라는 생각을 가지고 있다.

다음의 항목을 읽고 어디에 해당되는지 체크하세요.

> 【보기】 1점☞ 전혀 그렇지 않다.
> 2~4점☞ 거의 그렇지 않다. / 어느 정도는 그렇다. / 대개는 그렇다.
> 5점☞ 매우 그렇다.

1. 나는 순수한 마음을 가지고 있기 때문에 남들의 희망과 필요를 잘 이해하고 있다.(　　)점
2. 나는 쉽게 사람들과 대화를 하고 친밀하게 지낸다.(　　)점
3. 나는 길 잃은 개를 보면 집에 데려다주고 싶은 생각이 든다.(　　)점

4. 나는 내가 사려 깊고 너그러운 사람이라는 것이 기쁘다.(　　)점
5. 나는 공치사하기를 좋아하지 않으나 사람들이 그것을 알아차리지 못
　하고 무신경할 때 큰 실망을 느낀다.(　　)점
6. 나는 사람들이 내 편이 되도록 하기 위해서 노력할 때가 있다.
　(　　)점
7. 나는 친지들을 즐겁게 대접하는 것에서 보람이 느껴진다.(　　)점
8. 나는 따뜻하고 사람들에게 도움을 주는 사람이다. 그러나 나에게는 다
　른 사람이 생각하지 못하는 차가운 면이 있다.(　　)점
9. 나는 다른 사람들보다 나의 감정을 잘 표현할 수 있다.(　　)점
10. 나는 다른 사람들을 돌보느라고 파김치처럼 될 때가 있다.(　　)점

> ※ 점수를 합산하여 30점 이상이 되면 이 유형이라고 할 수 있다.
> ~20점☞ 제2번 유형이 아닐 것이다.
> 20~30점☞ 제2번 유형과 비슷한 특성을 가지고 있다.
> 30~40점☞ 제2번 유형의 성격을 가지고 있는 것 같다,
> 40~50점☞ 제2번 유형일 가능성이 가장 많다.

이들은 성장 과정에서 격려와 보상을 받는 환경에서 성장한 경우가 많다. 특히 다른 사람을 배려할 때 귀여움을 받았다. 그러나 그런 사랑은 자신이 그럴만한 가치가 있어서가 아니라 자신들이 행한 봉사 때문이라고 믿게 된다. 결과적으로 주변 사람들이 자신에게 미칠 수 있는 영향력에 대해서는 과대평가를 하고 진정한 자기 가치는 과소평가를 한다. 즉 다른 사람들에게 관심을 기울이며 그들을 기쁘게 해 주고 그들을 도와주기 위해서 자기를 돌볼 시간이

없다. 직접적으로 지금 느끼고 있는 자신의 감정을 표현하거나 다루는 것보다는 다른 사람들로부터 사랑받고 있다는 사실을 확인하려고 한다. 그래서 사랑받고 있다는 것을 보여 주는 어떤 표시를 얻기 위해서 무슨 일이라도 하려고 든다.

그러나 도움을 받는 사람의 입장에서 보면 자신을 어린아이로 취급하는데 대해서 분노를 느끼게 되고 결과적으로 도와주려했던 그들도 아무런 보상도 없이 자신의 에너지만 소모하게 되었다는데 대해서 분노를 느낀다.

사람을 다루는 재능이 뛰어나고 직장에서 작은 친절을 베풀어 주는 명랑한 사람들이다. 또 사람들을 편안하게 해주고 듣기도 잘하므로 회사 내에서 일어나는 일들을 훤히 꿰고 있다. 이들은 현장 서비스 업무에 적합하고 상대방의 표정에서 감사의 마음을 읽을 때 가장 기뻐한다. 그러나 다른 사람을 도와주는 방식으로 지지나 권력을 얻어 배후 권력자가 되고 싶어 하기 때문에 남들이 어떻게 생각하느냐에 초점이 맞추어져 있다. 후원해 주고 격려하지만 돌아와 보고하고 고마워하기를 기대하는 어미 닭과 같은 역할을 한다. 어떻게 보면 능란한 아첨자로 보여 질 수도 있으며 스포트라이트의 방향을 자신들이 결정함으로써 지배력을 행사하려 한다.

주변 사람들을 도와주었지만 상대의 표정에서 어떠한 감사의 마

음도 느낄 수 없을 뿐만 아니라 무신경하면 그들의 스트레스는 커
지게 되어 화를 내고 자신이 기대했던 방식으로 반응하지 않던 사
람들을 오히려 공격도 한다. 즉 으스대는 폭한이나 무자비하게 권
력을 행사하는 사람으로 추락하는 것이다. 이럴 때는 다른 사람이
어떻게 생각하는가에 대해 마음을 쓰지 않는 것이 좋다. 그러면서
'우리가 모든 사람을 기쁘게 해 줄 수 없을 때도 많이 있다. 그리고
모든 사람이 우리를 좋아하거나 항상 우리의 친구가 될 수는 없는
것이다' 는 생각을 가지고 오히려 다른 사람을 후원해 주기보다는
자신의 감정을 중요시하고 그 감정에 따라 행동할 때 발전하게 된
다.

그리고 이들이 흔히 무시하거나 외면하기 쉬운 표준과 절차, 기
본 정책을 준수하고 일을 할 때는 보다 능률적으로 처리하는 것에
초점을 맞춰나간다면 보다 사랑스러운 인물이 될 수 있을 것이다.

이들도 앞선 개혁가 유형처럼 명상을 하여 자신의 성격을 깨달
아 이해하고 종교적인 믿음에 근거한 헌신적인 사랑으로 조건 없이
다른 사람들을 도와준다면 보다 크게 성장할 수 있다. 오직 다른 사
람만 도와주려는 태도에서 자신의 내면 세계로 눈을 돌려 자신의
길을 찾아 나설 수 있게 된다.

완전한 헌신이야말로 최고의 명상이다

자기 정화 방식으로 크게 두 가지가 있다. 하나는 나의 근원을 찾아 스스로 노력하는 방법이고 다른 하나는 내 힘은 지극히 미약하여 어찌할 수가 없으므로 전능하신 신에게 내 자신을 완전히 던져 의지하는 것이다. 이 두 번째 방안으로 헌신하다 보면 오직 신만이 실재하며 자기 자신은 아무 것도 아니라는 확신이 강해진다. 자신의 의지를 믿고 노력하는 다른 수행은 그 정도에 따라 여러 단계로 나뉘어져 있지만 헌신은 그런 것이 없다. 이 헌신의 측면에서 보면 신이나 경배 대상물은 하나이면서 모두가 되므로 전체적이고 나뉠 수 없는 존재로서 받아들여진다. 가슴으로 헌신하는 대상물을 전부 그리고 전적으로 수용하는 것이다. 따스함은 가슴에서 나온다. 두뇌는 계산적이지만 가슴은 비논리적이다. 두뇌는 어떻게 하면 더 많은 것을 가질 수 있을까를 생각하지만 가슴은 어떻게 더 많이 줄 수 있을까에 몰입되어 있다. 이런 완전한 헌신과 순종은 자기라는 속박에서 벗어나게 하는 자유의 다른 이름이다.

진정한 헌신 속에 사는 사람은 사랑 속에 있는 것이다. 우리가 산소가 풍성한 이 지구 속에 사는 동안에는 공기의 고마움을 느낄 수 없다. 사랑도 그렇다. 사랑하는 그 순간에는 사랑이 느껴지지 않는다. 헤어져 있으면 "아! 그것이 사랑이었구나!" 하고 인식을 할 수 있다. 밖에 있어야 사랑이 느껴진다. 이처럼 사랑의 정점에 있는 사람들은 사랑을 느낄 수 없다. 사랑 그 자체가 되는 것이다. 그 순간에 나라고 하는 것이 사라진다. 이른바 대자유인이 되는 것이다.

인도에는 이런 신에 대한 헌신의 방식으로 큰 깨달음을 얻어 전 세계로 널리 알려진 성인이 있었다. 그가 지나가고 있는데 누군가가 '라마에게!' 라는 의미를 지닌 인사를 하였다. 그러자 곧바로 명상의 최고 상태가 되어 길바닥에 쓰러졌다. 또 어느 사원에 갔을 때는 신자들이 라마의 이름을 부르며 찬송을 하고 있었다. 그는 또다시 깊은 명상 상태에 빠지고 말았다.

그는 초등학교 2학년 과정도 채 마치지 못했을 정도로 배움은 적었지만 인도의 여신 타라를 암송하고 집중하는 것으로 영적 여정을 시작했다. 늘 여신을 외치며 그 앞에 나타나 헌신할 것을 간절한 마음으로 간구했다. 정말 오랜 기간 그의 모든 사랑과 헌신을 여신에게 바쳤다. 드디어 여신은 실재하는 존재로 그녀의 모습을 드러냈다. 이젠 그녀와 더불어 먹고 잠자며 함께 울고 웃었다. 그러다보니 그녀가 그의 피와 뼈 속으로 파고들었다. 마침내 텅 빈 그 속에는 여신으로 가득 채워지게 되었다. 그가 여신이었고 여신이 그가 된 것이다.

보다 큰 발전을 위해서 그의 스승은 날카로운 유리조각을 들고 왔다. 내가 이 유리 조각으로 그대 이마에 있는 제3의 눈을 찌를 것이니 고통이 느껴지는 즉시 칼로 여신의 목을 베라는 것이다. 그러자 "내가 어찌 칼을 들어 여신의 목을 치겠습니까? 또 칼은 어디에 있다는 말입니까?"라고 했다.

그에 대해 스승은 "너는 미쳤다. 실제로 존재하지도 않는 여신을 상상으로 만들었다면 그대의 의지로 칼도 형상화할 수 있을 것이다. 거짓 여신을 죽이는 데는 상상의 칼, 즉 거짓 칼이면 된다. 그녀는 결코 존재하지 않는다"고 말했다. 주저하던 그는 마침내 결단을 내렸다. 유리의 끝이 그의 이마를 파고들자 용기를 내서 의지의 칼로 여신을 힘껏 내려쳤다. 여신이 사라지면서 그는 지고의 명상 상태에 빠져들었다. 명정에서 깨어난 그는 이처럼 외쳤다. '마지막 벽이 무너졌다!'

이런 헌신적인 신앙을 중심으로 신에게 다가가려는 종교가 기독교 신앙이다. 종교적인 신앙만 있으면 어떤 종교이든 문제될 것이 없다고 한다. 이와 관련하여 테레사 수녀는 "나는 개종시키려 합니다. 나는 사람들을 보다 훌륭한 힌두교도, 가톨릭교도, 이슬람교도, 자이나교도, 불교도로 개종시키려 합니다. 나는 당신이 신을 찾도록 도와드리고 싶습니다. 신을 발견한 다음 그 신이 당신에게 바라시는 것을 하는 것은 당신의 몫입니다"라고 말한다. 자기가 믿고 있는 종교적 믿음으로 각자의 신을 찾아가도록 하고 있다. 이런 테레사가 기도하는 모습을 보는 것은 특별한 경험이라고 한다. 그 순간 그녀는 하느님과 온전히 하나가 되기 때문이다.

같은 이름을 쓰고 있는 아빌라의 성 테레사는 이런 헌신의 삶을 보다 구체적으로 설명하고 있다. 신에게 모든 것을 집중하는 기도를 해야 한다. 처음에는 조용한 장소에서 그리스도의 생애를 묵상하는 방식으로 시작한다. 보통 사람들은 너무 지나치게 많이 생각한다. 그래서 신에게 자신을 전적으로 바치는 것을 주저하게 된다.

때로는 세속적인 욕구가 우리의 기도를 방해하기도 하는데 세상의 모든 일은 허무하고 그 일이 얼마나 빨리 끝나는가를 묵상하면 효과적으로 퇴치할 수 있다. 우리가 신에게 속해 있다는 사실만으로 만족해야 한다. 지나치게 많은 것을 기대하지 말아야 한다. 자기라는 생각에 사로잡힌 인격에서 벗어나 그리스도를 끊임없이 바라볼 때 기도의 본질이 얻어지는 것이다.

그러면서 여러 가지의 기도를 하는 것보다 '우리 아버지' 라는 한마디를 정성스럽게 말하는 것이 좋다. 아니면 "주님의 뜻이 하늘에서 이루어진 것같이 땅에서도 이루어지이다"라는 고백을 드리면 우리가 드릴 수 있는 것을 다 드리는 것이다. 이와 같이 영적인 기도를 하는 자들은 오로지 신만을 사랑할 뿐 주님이 어떻게 응답할 지는 자신들이 할 일이 아니라고 생각해야 한다. 그러면 그들이 자유를 누리게 된다. 우리는 신 앞에 빈손으로 나아가 우리의 자아를 전적으로 신께 드려야 하는 것이다.

이처럼 기도를 하다보면 노력하지 않아도 자연스럽게 기도가 되는 상태에 이르게 되는데 이를 '정적 혹은 명상의 기도'라고 한다. 일단 이런 상태에 이르면 세상일에 대한 욕구가 감퇴된다. 이런 정적인 기도는 모든 축복의 시발점이다. 영혼의 모든 것이 하나님에게만 집중되어 있으므로 그저 침묵하며 묵상할 뿐이다.

성 테레사가 이런 헌신과 기도 생활을 시작한 지 2년 만에 그리스도의 환상이 나타났다. 처음에는 큰 두려움에 사로잡혀 우는 수밖에 없었다고 한다. 보여진 것이 환상이 아닌 실재라는 말씀을 들은 이후에는 고요하고 안온한 상태를 체험할 수 있었다고 한다. 또책을 읽다가는 명상하는 상태로 빠져 들기도 했다.

어떻게든 성공하고 싶은가?

제3유형 성취하는 사람

불도저 스타일의 이들은 목표를 위해서라면 대담함과 무모함을 주저하지 않는다. 정주영 전 현대회장이 그런 사람이다. 한국전쟁이 한창이던 시절에 유엔사령관으로부터 특별한 요청을 받게 된다. "부산의 유엔군 묘지에 세계 각국의 유엔군 사절들이 방문하기로 되어 있는데 나무 한 그루, 풀 한 포기 없이 묘비만 있어 너무 썰렁하오. 잔디를 깔 수 있겠소?"라는 것이었다.

한 겨울에 잔디를 구하는 것이 불가능한 일이었지만 그는 해결한다. 파란 풀밭만 있으면 된다는 요구에 사령부에서 제시한 공사비의 3배를 받고 낙동강 근처의 보리밭에서 파란 새싹이 트기 시작한 보리를 몽땅 파서 트럭에 실었다. 그리고 이를 유엔군 묘지에 옮겨 심었다. 텅 빈 황량한 무덤이 순식간에 푸른 묘지로 바뀐 것에 대해 유엔군 사령관은 감탄하고 감동했다.

가장 논란이 많은 조조도 이런 유형이다. 젊었을 때 작은 아버지가 부친에게 그가 노는 정도가 심하다고 말했다. 부친에게 크게 꾸중을 들었던 조조는 이번에는 작은 아버지가 보는 동안에는 거짓으로 중풍에 걸린 것처럼 가장했다. 그에게 이 소식을 전해 듣고 달려온 부친에게는 평상시의 건강한 모습을 보여주어 고자질한 작은 아버지를 거짓말쟁이로 만들어 버렸다. 이런 기략은 이후에도 계속된다. 군량미가 부족하여 군사들이 동요하자 아무 죄도 없는 창고지기가 군량을 착복했다며 목을 베어 처단하는 것이 그렇다. 이외에도 포악한 행위가 많이 소개되고 있으나 최근에 그를 간웅이 아닌 새로운 영웅으로 재해석하기도 한다. 그는 불과 161m의 단신으로 왜소하고 볼품없는 빈상이었을 뿐만 아니라 그의 아버지는 환관의 양자였다. 그런 그가 '위왕'이 된 것이다. 그는 분명 난세의 영웅이었다. 중국 문학사에서 큰 업적은 남긴 시인이기도 했으며 자기를 떠나가는 관우에게 비단옷을 주면서 배웅을 하는 인간미도 보여 주었다.

이들은 자기가 가치 없는 존재로 전락하는 것을 가장 두려워하며 자신이 가치 있는 존재이며 다른 사람도 그렇게 생각하도록 자기 이미지를 만들고 싶어 한다. 이들은 "다른 사람들이 나의 존재

가치를 인정해 준다면 나는 괜찮은 사람이라고 할 수 있다"라는 신념을 가지고 있다.

다음의 항목을 읽고 어디에 해당되는지 체크하세요.

【보기】 1점☞ 전혀 그렇지 않다.
2~4점☞ 거의 그렇지 않다. / 어느 정도는 그렇다. / 대개는 그렇다.
5점☞ 매우 그렇다.

1. 나는 자신감이 있는 사람이지만 어떤 일을 효율적으로 처리하지 못했을 때는 마음이 불편하다.(　　)점

2. 일이 잘 해결될 때는 내면에서 기쁨이 솟아난다.(　　)점

3. 나는 다른 사람들에게 나의 가장 좋은 점을 보이려고 노력한다.
(　　)점

4. 나는 불안감을 능숙하게 감추기 때문에 아무도 모를 것이다.(　　)점

5. 사람들에게 좋은 인상을 주려고 예의 바르고 친절하게 행동한다.
(　　)점

6. 나는 맡은 일에 최선을 다하지만 그 결과가 좋지 않아도 그 사실이 나를 괴롭히지는 않는다.(　　)점

7. 원칙을 무시하고 목표에 빨리 도달하는 길을 택할 때가 있다.(　　)점

8. 내가 한 일을 인정받지 못하면 마음이 아주 불편하다.(　　)점

9. 나는 항상 목표에 초점을 맞춘다. 그리고 그것을 이루기 위해 어떻게 동기 부여를 해야 하는지를 잘 안다.(　　)점

10. 일중독에 빠지는 경향이 있다. 일 하고 있지 않으면 불안하다.
(　　)점

※ 점수를 합산하여 30점 이상이 되면 이 유형이라고 할 수 있다.
　~20점☞　제3번 유형이 아닐 것이다.
　20~30점☞　제3번 유형과 비슷한 특성을 가지고 있다.
　30~40점☞　제3번 유형의 성격을 가지고 있는 것 같다,
　40~50점☞　제3번 유형일 가능성이 가장 많다.

　　이들은 우수한 성적이 너의 장래를 좌우한다는 부모들 이야기를 듣고 자란다. 지나치게 책임 의식이 강하고 부지런한 어른 같은 아이들이었다. 방과 후 아르바이트를 하는 모범생으로 자신을 하나의 상품처럼 끊임없이 선전한다. 자신의 진정한 삶과 행복보다는 잘 나가는 존재가 되는 데에만 관심을 쏟는다.

　　누구보다도 감성이 예민한 사람임에도 불구하고 성공을 위해 사는 사람처럼 보인다. 이들은 자신의 감정을 상자 안에 넣어 버리고 자신의 목표를 달성하기 위해서 달려 나간다. 감정이 성공에 방해가 된다고 생각하기 때문에 실질적인 생각과 행동으로 감정을 대치해 버린다. 목표 달성을 위하여 필요한 것은 무엇이든 하고 필요한 사람이 되려고 노력한다. 또 수단과 방법을 가리지 않기 때문에 실용적이기는 하지만 도덕관이 상황에 따라 변하기 쉬워 위선자처럼 보인다. 자신들을 광고하기를 좋아하고 자발적이고 의욕적이다. 그래서 공동체 안에서 적응을 잘하는 이들은 성공적인 옷차림을 하고 있다.

　마음만 먹으면 무슨 일이든 해낼 수 있는 사람들로 실용적이고 자신만만하다. 시장을 의식하여 당장 해야 할 일이 무엇인가를 신속하게 파악하여 경쟁에서 이긴다. 또 실수보다도 속도를 더 중요하게 생각하기 때문에 일처리가 빠르다. 실패는 성공의 어머니라고 생각하며 시도를 주저하지 않기 때문에 모험적이기도 한 것이다.

　반면에 죽도록 일만 할 만큼 실용적이지만 무뚝뚝한 편이다. 이들은 성공의 저해 요소라고 믿는 산만하고 어수선한 감정들을 모두 무시하는 등 인간적인 면들을 간과하기도 한다. 이들 마음속에도 내적 감독자가 있어서 누구나 인정할 만한 업적이 없다면 자신들은 하찮은 사람이 될 것이라고 의심하고 스스로를 괴롭힌다.

　이들이 공인할 만한 성공으로부터 멀어져 스트레스가 많아지면 더 이상 자기 역할을 수행할 수 없게 된다. 자신의 모든 감정들을 외면하고 완전히 폐쇄적으로 변하여 움츠러들고 마치 퓨즈가 끊어진 사람처럼 된다.

　이들은 성공을 위해서는 인간보다 일을 중시하는 성향이 있기 때문에 '진정으로 도와주려는 마음' 을 되찾아 다른 사람을 지원하면 신중하고 사려 깊은 사람으로 바뀌게 된다. 그리고 자기 감정을 숨기지 말고 마음속에 일어나는 욕망이나 내적 충동도 인정하고 수용하면 더욱 활기를 얻게 된다.

　요즘 사회는 이런 유형의 사람들이 많다. 그리고 이들이 우리 사회를 지배하고 있다.

　지옥과 극락에는 똑같은 가마솥이 있고 거기에는 똑같이 맛있는 음식이 끓고 있다. 그런데 그 음식을 먹기 위해 길이 1m 정도의 긴 수저를 사용해야 한다. 그러나 지옥에 있는 사람들은 서로 먼저 먹으려고 달려들어 보지만 기다란 수저 때문에 먹지도 못하고 음식은 바닥으로 떨어지고 누구 하나 먹을 수도 없이 다투고 싸우기만 한다. 반면에 극락에 있는 사람들은 자신의 긴 수저로 음식을 집어서 건너편에 있는 사람에게 먹여준다. 그러면 상대도 또 음식을 건네며 즐거운 분위기 속에서 음식을 나눌 수 있다. 지나친 경쟁이 이처럼 서로에게 마이너스가 될 수도 있다. 그래서 이런 유형의 사람들은 자선 행사를 통해서 다른 사람에게 사랑을 나누어주거나 명상을 하여 자기 성격을 볼 수 있으면 보다 더 인격적으로 성장할 수 있다. 이때 명상은 아무것도 하지 않는 것이 아니다. 단순히 지금 이 순간에 그냥 존재하게 하는 것으로 인간의 가장 중요한 성취 중에 하나이다. 특히 이런 성격 유형에게 명상은 중요하다. 그러면 자신과 다른 사람들을 다 같이 존중하게 되기 때문에 다른 누구와도 경쟁하지 않고 그들과 친밀한 관계를 형성하게 할 수 있다.

몸은 마음의 거친 부분이다

요가 경전에 의하면 "마음은 몸의 일부분이다. 마음은 몸의 가장 미묘한 부분이요 몸은 마음의 가장 거친 부분이다"라고 한다. 최근 독일을 비롯하여 미국 의학계에서는 몸과 마음이 함께 작용하고 있으므로 치료도 통합적으로 해야 한다는 연구 결과를 계속해서 발표하고 있다.

몸이 아프다는 것은 단순히 육체의 문제가 아니라 마음까지도 관련되어 있다는 것이다. 어떤 사고로 발생한 부상도 우발적으로 발생하는 것이 아니라고 한다.

어떤 선수가 경기 중에 부상을 당했다면 그것도 우연한 사고가 아니라 마음이 그런 사고가 발생되도록 했다는 것이다. 긴장과 스트레스가 심하면 편히 쉬면서 마음의 평형을 이루어야 한다. 그런데 이를 무시하고 계속 경기에 나서거나 하면 처음에는 독감과 같은 가벼운 질병이 나도록 해서 쉬도록 유도한다. 그래도 이를 무시하면 다른 선수와 부딪치게 하여 외상을 입힌다고 한다. 그렇게 해서라도 강제적으로 쉬면서 긴장과 이완의 균형을 되찾게 한다는 것이다.

미국에서 자동차 사고와 관련하여 6년간에 걸쳐 사고 피해를 당한 모든 운전자들을 조사해 본 결과에 따르면 3.9%밖에 되지 않는 작은 집단에서 전체 사고의 36.4%가 일어났다고 한다. 누구에게나 사고가 발생하는 것이 아니라 그럴만한 조건을 갖춘 사람에게만 발생한다.

나아가 우리 몸은 우리를 깨달음으로 가게 하는 나침반과 같은 역할을 한다는 것이다. 우주는 어떤 특정 존재만이 생존하고 번성하도록 그냥 두지 않는다고 한다. 모든 존재가 우주 내에 평화롭게 공존하게 해야 하는데 그렇지 않을 때마다 질병이나 외상이 발생한다고도 한다. 전 우주적인 관점에서 해결해야할 정신적인 문제가 있음에도 불구하고 의식적으로 처리하지 않고 있으면 그에 해당하는 신체 기관에 질병이 만들어진다.

인간은 끊임없이 결정을 내리지 않을 수 없다. 무엇을 선택하면 받아들여지지 않은 부분은 그림자가 된다. 이때 그림자의 일부가 몸속으로 내려가 질병으로 드러난다. 무시되고 소외된 그림자가 자기가 담당하는 몸의 해당 기관을 아프게 해서 알려 주는 것이다. 왜 나하면 질병에 걸리면 모든 인간은 솔직해지기 때문이다. 우주적 질서는 질병을 만들어 부족한 것을 수정케 하고 다시 중용을 지키도록 만든다. 그렇게 되면 갑자기 교만한 자기중심적 생각과 행동의 상당 부문이 교정된다.

현대인에게 가장 흔한 것이 두통이다. 이는 자기 집착이 강하고 편협함과 공명심으로 가득할 때만 나타난다. 다른 존재야 어찌 되었든 나만 편하고 좋으면 된다는 이기심이 두통을 만들어 낸다.

이처럼 몸과 질병은 우리에게 정신적으로 무엇이 문제인지를 가르쳐 주는 선생이다.

우리가 질병에 감염되거나 부상을 당하면 우주적 질서나 신이 우리에게 무엇을 알려주려고 했는가를 주의 깊게 살펴볼 필요가 있다. 몸은 우리가 보다 큰 깨우침으로 가는데 방해되는 장애물이 아니라 오히려 좋은 안내자이고 동반자인 것이다. 우리 몸을 잘 활용하면 마음도 편안하게 할 수 있을 뿐만 아니라 보다 큰 깨달음으로 가게 하는 좋은 도구가 될 수 있다.

무용이 명상이 된다

동양의 명상 세계를 서구에 전한 위대한 선각자는 우리 행동의
대부분이 무의식적으로 이루어진다는 점을 고려하여 명상 춤을 만
들었다.

당초 이슬람 신비주의자들은 광야에서 조악한 음식을 먹고 거친
침상에서 잠을 자면서 수행을 했다. 주로 짐승의 털옷을 입고 생활
했기 때문에 이들을 수피라고 한다.

이런 수피들의 명상 춤을 활용하여 만든 것이다. 그의 명상 방법
은 수피 무용을 중심으로 동작과 소리를 통해 의식을 확장시키려고
하는데 그 특징이 있다. 단 한번의 경험으로도 전혀 다른 사람이 될
만큼 효과가 강력하다.

이 명상법을 하기 전 3시간 전에는 음식을 먹거나 마시지 않는 것이 좋다. 이 명상법은 회전과 휴식의 두 단계로 나누어 진행된다. 소용돌이치는 에너지를 느낄 수 있도록 1시간 이상 계속해야 효과를 볼 수 있다. 내속에 있는 내적 존재는 중심에 있게 하고 내 몸은 수차가 되어 빙빙 돌아간다. 몸은 중심점을 가운데에 두고 돌아가지만 나는 중심에 위치하고 있다.

오른손은 손바닥이 위로 향하게 하고 왼팔은 그보다 아래쪽을 향하게 하여 옆으로 뻗은 상태에서 밑으로 향하게 한다. 그런 자세로 눈을 뜨고 몸을 시계 반대방향으로 회전시킨다. 몸을 부드럽게 이완시킨 상태에서 하되 눈꺼풀을 내려 가늘게 뜨고 사물이 희미하게 보이도록 눈의 초점을 맞추지 않는 것이 좋다. 어린아이들처럼 즐긴다. 아이들은 누가 시키지 않아도 유희처럼 재미있어 하면서 회전의 관성을 좋아한다. 침묵 속에서 진행하되 처음 15분은 서서히 그리고 그 다음 30분은 가속도를 붙여 빨라지게 하면서 에너지의 소용돌이를 느낄 수 있게 한다. 내 몸은 수차처럼 돌고 있으나 중앙의 주시자는 정지해 있다는 사실을 알게 될 것이다. 이런 춤은 수레바퀴와 같은 원리로 설명할 수 있다. 그냥 멈춰있을 때는 축과 바퀴가 붙어 있으나 작동이 시작되어 속도가 빨라지면 축과 바퀴가 떨어지는 순간이 온다. 이 춤을 추면서 의식을 집중하면 자기 내면에 춤추지 않는 누군가가 완전한 정직과 고요 속에 머물러 있다는 사실을 알게 된다. 멈추어 있는 적막이 중심이고 춤추는 몸은 그의 주변이다. 이 중요한 순간에 이를 주시할 수 있어야 한다. 모든 것을 내맡기고 춤출 수 있다면 자신과 몸이 분리되는 것을 느낄 수 있을 것이다. 우리는 춤추는 자가 아니라 이를 지켜보고 바라보는 그 누군가가 된다. 춤으로부터 완전하게 분리되는 순간이 다가오게 된다. 그런 다음 제대로 서 있을 수 없을 정도가 되면 저절로 쓰러질 것이다. 스스로 쓰러진다는 의식 없이 자연스럽게 해야 한다. 떨어질 때 다치지 않으려고 저항하게 되면 다칠 수 있다. 그러나 아무런 거부감도 없이 몸이 가는 대로 맡겨두면 다치지 않는다.

엎드려 배꼽을 밑에 놓고 눕거나 등을 바닥에 대고 누워 15분 동안 침묵을 지킨다. 이렇게 누워 있으면 인식만으로 내 몸이 회전하게 된다.

유람선을 타고 좌우로 흘러가는 물살을 바라보다가 내리면 한동안은 계속해서 배를 타고 있는 것같이 느껴진다. 이처럼 몸이 땅에 완전히 쓰러져 있어도 우리 내부에서는 회전이 계속된다. 그러면 그 느낌 그대로 느껴본다. 그런 다음에는 우리의 의식도 동작을 멈추고 정지하게 된다. 그러면 죽음과 같은 침묵이 다가온다. 이때에 구토가 생길 수 있으나 2~3일이 지나면 사라진다.

이 회전 명상을 만든 창시자는 36시간을 쉬지 않고 맴돌았다. 그는 이 회전 과정을 거쳐 깨달음을 얻었다. 그는 회전 속에서 자신이 사라지고 회전만 남게 된 것이다. 전적으로 텅 비어짐과 침묵만이 존재하는 세계로 나아간 것이다.

　지금도 터키에 가면 수피들의 의식을 볼 수 있다. 선창자가 신을 찬양하는 소리를 외쳐 부르면 다른 신도들도 따라서 후렴을 반복한다. 그러다가 열기가 고조되면 모두 일어나 몸을 좌우로 흔들면서 신의 이름을 부른다. 움직임은 점차 강렬하게 이어진다. 이렇게 한 차례의 강렬한 몸동작이 끝나면 잠시 쉬다가 다시 선창자의 안내에 따라 다시 시작하고 소리와 몸의 움직임이 빨라진다.

　이런 수피들에 의해서 빙빙 도는 수피 댄스가 전해진 것이다. 의식의 첫 부문은 찬양하는 시로 되어 있고 이어 즉흥 음악과 빙빙 도는 댄스가 이어진다. 이때 음악은 중요한 역할을 한다. 수피들은 음악을 듣는 것 자체를 수행으로 생각하기 때문에 기도할 때처럼 음악을 듣기 전에는 몸을 씻는 세정의 절차를 밟는다. 원래 '듣기' 라는 뜻을 지닌 의식은 기도, 노래와 춤이 곁들여진다.

　이런 과정에서 무아지경의 상태를 체험한다. 이것이 우리와 신이 하나가 되게 하여 깨닫게 한다.

누구보다 더 특별해지고 싶은가?

제4유형 심미안을 가진 사람

작고한 애플의 스티브가 전형적인 이런 유형이다. 그가 만든 '아이패드'나 '아이폰'은 획기적인 제품 디자인으로 널리 알려져 있다. 그의 미적 감각이 크게 기여한 것이다. 보다 편리한 기능과 기술 중심으로 경쟁하던 IT기기의 흐름을 단 한번에 바꾸었다. 보다 아름답고 사용하기 편리하게 만들었던 것이다. 가히 혁명적인 변화이다.

이런 창의력과 심미안을 가진 인재 상을 우리 조선시대에서도 찾아 볼 수 있다. 추사 선생은 독특한 서체로도 유명하지만 그림도 잘 그렸다. 고담하면서 품격과 문기가 동시에 느껴지는 문인화를 즐겨 그린 대가이기도 했다. 그러면서도 그는 금석학과 고증학의 조예도 깊었으며 실제 정치에서는 대사성과 병조참판까지 거친 거물이었던 것이다. 그러나 스티브가 그러했던 것처럼 추사에게도 어둠의 그림자들이 늘 따라다녔다. 추사에게도 오만과 편견과 치기가 있었던 것이다. 남에게 상처를 많이 주었고 간혹 그것이 심하여 미움도 받았다.

충정우도 암행어사 시절에 세도가 안동 김씨 현감의 비리를 발견하고 파직시켰다. 이 일로 정치적 수난을 겪을 때마다 그를 공격하는 적을 만들게 된 것이다. 그와 관련된 일화는 많다. 제주로 귀양가던 추사가 대흥사에서 초의를 만나 대웅보전 현판 글씨가 속기가 있다며 떼어내게 했다. 그런 그가 돌아오던 노정에 초의를 다시 만나 자기가 쓴 것을 버리고 지난번에 떼어낸 원교의 현판을 다시 부착하라고 했다는 것이다. 그가 젊었을 때의 오만과 자부심이 얼마나 컸으며, 귀양 후에는 그의 인품이 얼마나 성장했는지를 보여준 대목이다.

이들은 자존심을 중시하며 자신만의 독특한 개성을 보존하고 키워나간다. 특히 자기 내면의 경험으로부터 자기만의 정체성을 만들어 나가며 "내가 진심으로 좋아하는 것을 할 수 있다면 그것으로 괜찮은 것이다"라는 신념을 가지고 있다.

다음의 항목을 읽고 어디에 해당되는지 체크하세요.

1. 많은 사람이 알기 어렵고 모순된 면을 갖고 있는 사람이라고 하지만 나는 나의 그런 면이 좋다.(　　)점

2. 가까운 사람과 있을 때도 외로움을 느낄 때가 많다.(　　)점

3. 누군가 나를 비판하거나 인정받지 못하면 나 혼자 움츠려 있다.
   (　　)점

4. 내가 낸 아이디어가 무시되면 그 일에 전념하기가 어렵다.(　　)점

5. 나는 규칙이나 다른 사람의 기대를 무시하는 경향이 있다. 나만의 특별한 감각으로 처리하고 싶기 때문이다.(　　)점

6. 나는 감정의 변화가 많다.(　　)점

7. 상황이 어려워지면 힘없이 무너지고 너무 쉽게 포기한다.(　　)점

8. 나는 형편없는 취향을 가진 사람과 있을 때 견디기가 어렵다.(　　)점

9. 앞에 서거나 남의 의견에 무작정 따르는 것도 좋아하지 않는다.
   (　　)점

10. 대개의 경우 나는 다른 사람과 너무 가까이 지내며 함께 일하는 것을 좋아 하지 않는다.(　　)점

※ 점수를 합산하여 30점 이상이 되면 이 유형이라고 할 수 있다.
　~20점☞ 제4번 유형이 아닐 것이다.
20~30점☞ 제4번 유형과 비슷한 특성을 가지고 있다.
30~40점☞ 제4번 유형의 성격을 가지고 있는 것 같다,
40~50점☞ 제4번 유형일 가능성이 가장 많다.

성장 과정에서 이혼이나 사별을 통해 부모의 사랑을 일시에 잃거나 충격적인 변화를 체험한다. 이른바 천국을 잃은 것이다. 이들은 상실을 경험할 때마다 "왜 나인가? 왜 이것인가? 왜 지금인가?"를 반문한다. 이들은 특이하게도 자신들의 저주스러운 결점을 한탄하고 소외감을 느끼며 우울증 상태로 있을 때에만 품위 있는 사람이 될 수 있다. 다른 사람과는 달리 어렵고 소용돌이치는 정서적 생활에 머물러 있을 때 편안함을 느끼는 것이다. 그러기에 이들은 깊고 어두운 감정과 기분을 가지고 있다. 또한 늘 여러 기대감에 중독되어 있으므로 바라던 것을 손에 넣어도 만족하지 않는다.

이들은 살아가는 과정에서 좋아하는 것과 다른 사람으로부터 발견한 자질을 기초로 여러 가지를 모아서 자기만의 개성으로 여기고 보존한다. 그러나 그 이면에는 진정으로 자신이 누구인지에 대한 확신도 없다. 특히 이들의 문제는 자신의 정체성을 주로 감정을 기초로 만들었다는 것이다. 그런 까닭에 이들은 자신들의 관심과 비전에 따라 자발적으로 움직이는 사람들이지만 현실과 다른 엉뚱한 것에 매달려 자기의 진정한 욕구를 외면할 수도 있다.

남들에 비해 더 깊이 알고 더 깊이 느낌으로써 특별해지고 싶어한다. 아름다움에 대해서는 굉장한 평가자요 아름다움을 위해서라면 변절까지도 마다 않는 사람이다. 이들은 진리와 아름다움에 대한 자신의 비전을 잔인할 정도로 추구하는 극단적인 성격을 가지고 있으며 자신의 내적 본성을 추구하고 있는 것이다. 늘 부정을 부풀

리는 우울증 기질이 있으며 기업인으로서 의사 결정을 할 때는 시
장 조사를 무시하고 직관에 의해 결정한다. 그래서 이들은 '나는 어
느 누구보다도 나의 판단을 믿는다' 라고 말한다. 그리고 강력한 개
인적 비전을 가지고 있으며 충동적인 성향을 가지고 있다. 존경받
고 영향력도 있을 수 있으나 오만하고 좀처럼 접근하기 어려운 사
람일 수도 있다.

자기 개성이나 정체성을 유지할 수 없을 정도로 극한 스트레스
상황에 처하게 되면 줄곧 절망하고 자신의 역할을 못하고 자신을
돌봐주는 타인에게 의존한다. 아니면 충동적으로 개입하여 지나치
게 도와주기도 한다. 이들은 평상시에도 가만히 있기 보다는 늘 현
실적인 잔일이라도 하게 되면 자기 감정에 의존하는 스타일에서 벗
어날 수 있다. 또한 다른 사람의 입장이 되어 객관적으로 관찰하다
보면 보다 활기차게 활동할 수 있게 된다.

이들은 걸으면서 자기 걸음을 주시하는 행선이나 몸으로 하는
아사나 위주의 요가가 좋다. 그렇게 하면 자기 동일화에서 탈피하
여 전체를 이해하게 되며 덧없고 충동적인 감정보다는 보편적인 원
리에 따른 삶을 살게 된다. 주관적인 감정뿐만 아니라 객관적인 원
칙에 따라 행동하게 되어 더 이상 자신을 특별하게 생각하지도 않
게 된다.

걷는 것이 명상이다

걷기 명상은 일정 공간에서 편안한 옷차림으로 가볍게 실시할 수 있다. 먼저 선 자세에서 정지한 채 약 2m 전방을 쳐다본다. 그런 상태에서 걷기 시작하는데 왼발을 내딛으면서 마음속으로 '왼발' 이라고 명명하며 내 딛는 동작을 관찰하고 오른발을 내딛으면서 마음속으로 '오른발' 이라고 명명하며 내딛는 동작을 주시한다. 이렇게 20분을 관찰한 다음에는 보다 세밀하게 동작을 구분한다.

걷기 위해서 처음 왼발을 들어 올릴 때에 '듦' 이라 하고 이어 내려놓을 때는 '내림' 이라고 한다. 이와 같이 오른발도 같은 방식으로 명명하면서 천천히 걷는다. 이렇게 10분을 관찰한 다음에는 보다 더 세분하여 관찰한다.

이젠 세 동작으로 구분하여 '듦' 과 '내림' 사이에 들어 앞으로

미는 동작을 추가하여 '듦', '넒', '내림' 으로 명명하면서 관찰한
다.

걷다 보면 가슴이나 어깨 그리고 다른 부위에서 통증이 느껴질
수 있다. 그러면 우리를 관찰하는 명상에서처럼 통증을 주시하여
흘러가도록 한다. 몇 달이 지나면 폐도 더욱 건강해지고 혈액 순환
도 좋아질 것이다. 그리고 자연스럽게 호흡 방식도 달라져 있음을
느낄 수 있다.

이런 걷기 명상은 조깅을 할 때도 적용할 수 있다. 호흡을 주시
하면서 발바닥에서 느껴지는 감촉을 알아차리는 것이다.

이런 방식을 근간으로 보다 현대인에게 적합하게 만든 것이 다
음의 행법이다. 기본적인 원리는 같으나 걸음 속도를 일상 속도로
유지한다거나 관찰 방식을 보다 쉽게 호흡과 발걸음 수를 세는 방
식으로 바꾼 것이다.

입가에 작은 미소를 띠고 천천히, 편안하게 걷는 것이다. 특정한
목적도 행선지도 없이 야외에서 그저 걷는 것 자체를 즐기는 방법
이다. 마음을 다하여 걷는 것이 평화를 가져다주고 삶을 편안하게
이완시켜 준다. 서두를 필요도 없다.

호흡 하나 하나에 발걸음을 그에 맞추어 집중한다. 걸을 때는 발
걸음 수를 세면서 의식적으로 호흡을 해야 한다. 호흡을 먼저 자각
하고 숨을 들이마시거나 내쉬는 동안에 걷는 걸음 수를 센다. 오르

막이나 내리막을 갈 때는 한 호흡에 걷는 발걸음 수가 달라질 것이다. 호흡이나 발걸음 수를 조정하려 하지 말고 자연스럽게 주시하면서 걷는다. 처음에는 숨을 들이마실 때와 내쉴 때의 걸음 수가 차이가 나겠지만 어느 정도 걷는 명상을 하고 나면 같아진다.

우리는 보통 호흡을 할 때 폐 속에 있는 공기를 모두 내뱉지는 않는다. 그러므로 처음 걷기 명상을 시작할 때는 4~5회 정도는 평상보다 한두 걸음 더 걸으며 깊게 내쉬면서 아직 남아 있는 체내 공기를 모두 내뱉는다. 그 이상 할 필요는 없다. 처음 걷기 명상을 하면 어색할 수도 있으나 호흡을 따라 하다보면 곧 균형을 찾게 된다. 천천히 걷는 호랑이처럼 당당하게 걷는 것이 좋다. 마치 대지에 입을 맞추듯 한 걸음 한걸음을 대지를 어루만지듯이 걷는다.

걷기 명상을 하는 것은 다시 어린 아이가 되어 따뜻한 햇볕과 나무 그리고 푸른 풀들에게 미소 짓는 것을 배우는 것이다. 그리고 그들에게 '그래' 라고 대화하며 이 삶을 긍정하는 법을 배우는 과정이다. 이렇게 하면 푸른 하늘과 아름다움이 우리 속으로 스며들게 된다. 걸으면서 짓는 고요한 미소는 우리의 걸음과 호흡에 편안함과 내적 기쁨을 가져다준다. 자연은 우리에게 우리 속에 간직되어 있는 기쁨과 사랑이 자라나게 한다. 또 우리 속에 잔재되어진 슬픔, 분노, 그리고 절망들은 어느 순간 정화되어 사라지게 되는 것이다.

과학적인 자기정화

명상세계

모든 것을 알고 싶은가?

제5유형 탐구하는 사람

『삼국지』는 뭐니 뭐니 해도 제갈량이 등장하면서 활기차게 전개
된다. 최고의 전략가이면서 작전 참모이다. 그의 정세 분석 능력은
탁월하다. 서천의 지도를 펼쳐 천하를 3분하는 전략을 설명한다. 즉
북쪽은 때를 얻은 조조가, 남쪽은 지리적 이점을 가진 손권이 차지
할 수밖에 없다. 그러니 유비는 인화를 내세워 형주를 점유하고 이
를 근거지로 서천 지역을 장악해야 한다는 것이다. 그의 의중은 하
나씩 그의 계획에 따라 완성되어 간다. 그는 천문과 지리에도 밝았
을 뿐만 아니라 이렇게 정세 판단에 필요한 정보 수집에도 능하였
을 것이다. 산중에 은거하던 서생이 아무런 정보도 없이 모든 정세

를 망라한 이런 전략을 제시한다는 것 자체가 있을 수 없기 때문이다. 적벽대전에서 그가 보여준 여러 전술은 신기하기만 하다. 화공에 앞서 제갈량은 칠성단을 만들어 하늘에 기도를 드려서 겨울철에 보기 드문 동남풍을 불게 한다. 이것은 기후에 관한 주의 깊은 관찰과 정보 수집의 결과이다. 그의 여러 활약이 지나치게 과장되어 묘사되고 있으나 모든 것은 그의 정보 수집 능력과 치밀한 기획 능력에 기인한 것이다. 이런 제갈량도 세상에 나오기 전에는 조그마한 산장에서 농사를 지으며 전원생활을 즐겼던 인물이다.

이런 유형들은 자기를 쓸모없고 무능한 사람이라고 생각하는 것을 두려워하여 유능한 사람이 되려고 노력한다. 이들은 "우리가 필요한 정보를 모두 모아 가지게 되면 우리는 꽤 괜찮은 존재가 될 수 있다"는 신념을 가지고 있다.

다음의 항목을 읽고 어디에 해당되는지 체크하세요.

【보기】   1점 ☞ 전혀 그렇지 않다.
      2~4점 ☞ 거의 그렇지 않다. / 어느 정도는 그렇다. / 대개는 그렇다.
      5점 ☞ 매우 그렇다.

1. 어떤 문제이든 파고드는 것을 좋아해서 필요한 것을 알아낸다.
  (　　)점
2. 다른 사람들이 나의 세계로 들어오는 것을 거부하는 사람이다.
  (　　)점
3. 나는 필요한 정보가 있어야만 이성적인 결정을 내릴 수 있다고 생각한다.(　　)점

4. 가족들은 내가 좀 이상하고 특이하다고 생각한다. 그들은 나에게 밖으로 좀 더 많이 나가야 한다고 이야기한다.( )점

5. 필요하면 의견을 말할 수 있으나 지켜보는 것을 더 좋아한다.( )점

6. 나는 문제를 해결할 때 혼자 하는 것을 더 좋아한다.( )점

7. 나를 잘 살펴본다면 이상한 행동보다는 정상적인 것을 더 많이 발견하게 될 것이다.( )점

8. 나는 담당한 프로젝트를 다듬는데 많은 시간을 보낸다.( )점

9. 나는 여러 분야에 대해서 많은 것을 알고 있다. 그리고 몇몇 분야에 대해서는 전문가 수준이다.( )점

10. 때때로 하고 있는 일에 너무 열중해서 시간을 잊어버린다.( )점

※ 점수를 합산하여 30점 이상이 되면 이 유형이라고 할 수 있다.

~20점☞ 제5번 유형이 아닐 것이다.

20~30점☞ 제5번 유형과 비슷한 특성을 가지고 있다.

30~40점☞ 제5번 유형의 성격을 가지고 있는 것 같다,

40~50점☞ 제5번 유형일 가능성이 가장 많다.

이들은 성장 과정에서 파도처럼 밀려오는 부모의 요구 사항으로부터 자기 자신을 보호하기 위하여 아니면 그와는 반대로 어떤 따뜻한 보살핌도 없이 방치되었을 때 자기만의 장벽을 쌓아간다. 어린 시절에 자신만의 공간과 배려에 대한 욕구가 무시되었기 때문에 버림받았다고 느끼고 움츠러들어 자신들의 감정과 열정을 최소화한다. 그리고 다른 사람에게 받는 보살핌을 끊어 버림으로써 추가로 발생할 수 있는 더 많은 상처와 좌절을 사전에 차단하여 자신을

방어하려고 한다. 어른이 되면 이러한 경향이 더욱 짙어져서 다른 사람과 감정적으로 연결되는 것을 꺼리게 된다.

자신의 일에 열중하게 되면 아주 예민해져서 다른 사람뿐만 아니라 자신의 몸에 대해서도 별로 주의를 기울이지 않는다. 자신의 신체와 감정적인 필요를 무시해 버리는 것이다. 과자나 음료만 먹으며 밤새도록 컴퓨터 앞에 앉아 있을 수도 있다. 이들은 자신의 내면 세계와 개인적인 비전을 방해하는 사람이나 일에 대해서는 아주 적대적이다. 또 자기들과 달리 마음이 평화로워 보이는 사람을 만나면 화가 나서 다른 사람의 생각을 파괴하고 손상시키려 한다.

때로는 완전히 사적이고 민감하며 다가가기 어려운 은둔자로 보이며 무엇이든지 수집하기를 좋아한다. 이런 정보 수집과 예비 조사를 통해 사전에 철저히 준비함으로써 예측 가능성을 확보하려고 한다. 보다 미세한 부분까지도 놓치지 않는 놀라운 관찰자들인 것이다. 그리고 이들은 회의나 워크숍보다 자료를 읽을 때에 보다 효과적으로 학습할 수 있다.

또 이들은 다른 사람들의 프라이버시를 존중하여 자신의 의견을 강요하지도 않는다. 다른 사람들에게 겸손하고 예의 바르다. 이것은 다른 사람들도 자기들처럼 그렇게 해주길 바라기 때문이다. 늘 신중하기 때문에 믿음직스러워 보이며 자신의 독자적인 지각력을 가지고 용감하게 헤쳐 나가기도 한다.

그러나 평상시에는 외부와의 관계를 단절하고 자신들을 쉽게 드러내지 않을 만큼 지나치게 내향적이다. 하지만 자신들이 일단 해야 할 일이라고 판단되면 그것만을 집중적으로 분석하는 성향을 가질 정도로 시야가 좁아진다. 그래서 이들은 논리적인 계통도를 활용하여 결정 내용들을 계량화하고 가능한 모든 시나리오와 결과를 검토해 본다. 이런 꼼꼼한 성향이 재정 면에서는 빈틈없는 구두쇠처럼 행동한다.

또 이들은 자신들보다 못한 사람을 무시하는 교만한 실력파 젊은 중역인 경우가 많다. 스스로 모든 것을 해결하는 편이므로 정신적인 후원이 필요한 직원들을 골치덩이라고 생각한다. 냉정하고 창백한 외모를 가지고 있으며 전면에 나타나지 않고 배후에서 조정하는 방식으로 리더십을 발휘한다.

심리적으로 자기들이 설정한 개인 공간이 깨어질 위험에 직면하면 스트레스가 커지게 되고 자기 자신을 더욱 고립시키며 충동적이고 예측할 수 없는 행동을 한다. 정신적 히스테리 현상이 나타나는 것이다. 이럴 때는 몸을 사용하여 극복하는 방법이 좋다. 이들은 모든 유형 중에서 몸을 가장 중요하게 생각하지 않는 유형이다. 컴퓨터와 독서와 음악을 들으면서 여러 시간 동안 움직이지 않을 수 있는 사람들이다.

또한 이들이 평상시 늘 외면하려 하는 것이 자기 감정이다. 이처럼 무시하고 거부하던 자기 감정과 열정을 있는 그대로 인정하고 존중하면 그들의 심리 상태는 보다 안전하고 굳건하게 된다. 나아가서 팀 동료들과도 일치단결할 수 있으며 활기를 띠게 된다.

그리고 활동적인 체위 위주의 요가를 하거나 걷는 명상을 하면 늘 물러서서 구경하는 대신에 보다 적극적으로 참여하는 자세로 바뀐다. 전문적 지식을 활용하여 다른 사람을 지도하고 어떤 상황에서도 능동적으로 대처하고 도전하게 된다.

몸으로 하는 자기 정화

태양 경배 동작은 요가 체위 12가지를 결합해서 연속적으로 하는 것이다. 이 동작은 우리 몸의 중요한 근육들을 펴 주고 강화시켜 준다.

처음 동작은 양손을 모아 가슴 앞에서 합장하는 것으로 의식을 집중하고 마음을 편안하게 하기 위한 동작이다.

두 번째 동작은 양손을 모아 하늘을 향해 쭉 뻗었다가 몸통을 뒤로 잔뜩 넘겨 가슴을 활짝 펴 주는 체위이다. 가슴 근육을 늘리고 팔과 척추를 늘리는 운동효과가 있다.

세 번째 동작은 다시 앞으로 상체를 굽혀 턱이 무릎에 닿도록 하는 전굴 체위이다. 이때 상체를 꾸부정하게 해서 굽어지지 않도록 하되 엉덩이를 축으로 하여 컴퍼스가 접혀지듯이 상체와 하체를 그

1, 12   2, 11   3, 10

4   5   6

7   8   9

렇게 만나도록 하는 것이 좋다. 뱃속에 있는 지방을 감소시켜 주는 동작으로 소화와 혈액 순환을 좋게 하며 척추를 보다 유연하게 해준다.

네 번째 동작은 왼쪽 다리를 뒤로 빼서 오른 무릎을 세워서 양손을 바닥에 대고 엎드려 쭉 뻗어주는 체위이다. 배와 다리 근육을 유연하게 하고 엉덩이의 탄력성을 강화시켜준다.

다섯 번째 동작은 양손을 어깨 넓이로 해서 엎드려뻗쳐서 유지하는 체위이다. 팔과 어깨 근육을 강화시키는 간편한 동작이다.

여섯 번째 동작은 팔을 굽혀 상체를 바닥 가까이에서 수평이 되도록 하는 것으로 어깨와 팔 그리고 흉부의 근육을 강화시킨다.

일곱 번째 동작은 상체를 들어서 가슴을 활짝 펴게 하며 얼굴은 하늘을 향해 뒤쪽으로 넘기는 코브라 체위이다. 팔과 척추에 있는 신경과 근육을 강화하고 요통을 완화시키며 호흡계통 질환에 좋은 동작이다.

여덟 번째 동작은 양손을 어깨 넓이로 바닥에 대고 쭉 뻗어 엉덩이를 높이 들어 하체와 상체를 동시에 펴 주는 체위이다. 팔과 다리에 있는 근육을 강화시키고 척추를 부드럽게 해준다.

아홉 번째 동작은 왼쪽 다리를 앞으로 당겨서 왼 무릎을 세워 쭉 뻗어주는 체위이다.

열 번째 동작은 오른쪽 다리를 앞으로 당겨서 왼쪽 발과 나란히 하고 상체를 굽혀 턱이 무릎에 닿게 하는 전굴 체위이다.

열한 번째 동작은 상체를 들어 올려서 두 손을 뒤로 쭉 펴는 체위이다.

. 마지막 동작은 다시 양손을 앞으로 모아 합장하는 것으로 마무리한다.

이런 12가지 기본적인 요가 동작을 연속적으로 부드럽게 연결하여 하는 것으로 5~6회 반복한 다음 누워 쉬는 휴식 자세로 마무리하는 것이 좋다. 이런 자세는 몸을 편안하게 이완시켜 주며 몸 전체에 따뜻한 에너지가 만들어지게 한다.

이런 태양 경배 체위를 간단하게 하는 방식으로 불교에서 사용하는 절이 있다. 먼저 양손을 가슴 앞에 모아 선다. 그런 다음 무릎을 꿇고 앉는다. 다시 양손을 어깨 넓이로 벌려 이마가 바닥에 닿도록 한다. 손가락을 펴서 손바닥이 위쪽을 향해 가도록 한 후 다시 뒤집어 아래로 내린다. 이어 양손을 짚고 일어나 무릎을 꿇고 앉는다. 그런 후에 합장을 하고 그 자세를 유지하면서 발가락에 힘을 주어 일어난다. 이렇게 하는 방법도 괜찮다.(다음 페이지 참조).

위험 속에서는 의식이 단전에 모아진다. 딴 생각을 하면서 앉아 있을 수 없다. 생각할 틈도 없이 즉각적으로 행동해야 한다. 담이 무너지면 피해야 한다. 물구나무를 선 상태로 오랜 시간을 유지하는 것처럼 어떤 동작을 한 상태에서 장시간 머물게 하거나 단순한 동작을 극단적으로 반복하여 고통을 만들어 간다. 그러면 우리 몸

1   2   3

은 극한 한계 상황에 처하게 되고 모든 잡념이 다 사라지게 된다. 힘들게 3천 배를 하다보면 망념이 빠져나가는 원리와 같다. 무념의 경지에 이르게 되는 것이다.

태어나 1년을 조금 지나 곧바로 뇌성마비에 걸린 어린 소녀의 오체투지 기록을 요약하여 옮긴다.

어릴 때부터 앓은 뇌성마비가 7세가 되면서 고열과 심한 경기로 고통스러워하게 된다. 팔다리는 뒤틀리고 음식은 물론 물까지도 먹을 수 없는 상태가 되었다. 병원에서는 원인을 알 수 없다며 포기한 상황이다. 그래서 찾아 간 장소가 해인사 백련암이다. 죽기 전에 큰 스님을 만나보려는 것인데 그전에 3천 배를 해야 한다. 나무토막을 이어 붙인 것 같은 몸을 가지고 3일 동안 쉼 없이 하고서야 마칠 수 있었다. 그래서 겨우 만난 스님에게 "언제 죽어요?"라고 물었더니

"오늘 저녁에 죽어라!'라고 말했다고 한다.

그 말을 듣고 눈물을 펑펑 흘리고 있는 소녀를 보고는 큰 스님이 "그럼 니 오래 살아라. 그리고 매일 천 배씩 꼭 하거라!'라고 해서 매일 천 배를 하기 시작했다. 놀랍게도 물도 못 삼켰는데 절을 마친 후에는 물도 삼키고 스님이 주신 바나나도 먹게 되었다. 그 이후 22년 간을 하루도 빠지지 않고 천 배를 했다. 초등학교 때는 거의 하루를 절에 쏟아부어야 했다. 아침에 일어나서 아침 먹고 학교 가기 전에 일백 배내지 이백 배를 하고 학교 갔다 와서는 과제물만 끝내고 절하다가 또 저녁 먹고 다시 절을 하면 거의 밤 10시 되어서 끝이 났다. 이렇게 그녀는 절을 하여 죽음에서 벗어날 수도 있었을 뿐만 아니라 몸을 정상적으로 움직일 수 있게 되었다.

드디어 대학을 마치고 졸업한 그 다음 날부터 하루 만 배씩 하는 백일기도에 들어갔다. 만 배를 하려면 밤 12시에 시작하여 아침 6시까지 계속하고 식사를 하게 된다. 단지 밥을 먹기 위해서 쉬는 것으로 몸은 고통스럽고 입속의 밥은 모래알처럼 느껴진다. 그리고 다시 시작한 절은 11시 30분이 되면 7천 배 정도가 된다. 나머지 3천 배가 문제이다. 거의 12시간을 절만 하면 몸은 늘어지고 졸음은 쏟아진다. 이쯤 되면 몸의 수분에도 이상이 나타난다. 물을 마셔도 소용없고 과일만이 도움이 될 뿐이다. 다소 느리게 진행된 절은 오후 5시가 넘어서야 만 배가 된다. 그러면 저녁 6시에 식사를 하고 일찍 잔다. 다시 밤 11시경에 일어나 야식을 하고 새로운 만 배를 시작하는 것이다. 에너지 소비량이 너무 많아 하루 네 끼를 먹어야 한다.

40일이 지나면서 고비가 찾아왔다. 체력이 떨어져 탈진 상태가 되고 더 이상은 할 수 없게 되어 모든 것을 포기하고 죽으려고 약을 먹었다가 어머니의 도움으로 다시 살아난다. 다시 시작하여 여러 어려움을 딛고 마침내 백일기도를 마친다.

이런 백일기도는 그 이후로도 두 번 더 하게 되었고 두 번째 80여 일 지난 다음에는 아픔도, 괴로움도 다 떠나서 생각이라는 것 자체가 없어지고 그냥 절하는 데에만 집중할 수 있게 되었다. 그러던 어느 날 점심시간이 되어서 창밖을 바라보고 있었다. 그 순간에 그녀의 심장이 떨어져 나와 바닥에 내동댕이쳐지는 듯한 환각과 놀라움에 사로잡혔다. 그 순간 몸과 심장마저 없어져 버리고 '나'라는 존재도 사라져 버렸다.

완벽해 지고 싶은가?

제6유형 충실한 사람

유비는 성품이 온화하고 감정을 잘 드러내지 않았다. 그는 『삼국지』에서 주인공임에도 불구하고 그렇게 두드러진 것도 없는 담백한 인물이다. 제갈량이 출현하기 전에는 관우와 장비의 활약상이 눈에 띄는 반면 주인공인 유비는 존재감이 희미해서 정세에 휩싸이고 공명이 나타나면서부터는 모든 일을 그에게 맡기는 방식이다. 중심이 텅 빈 역할을 담당하고 있다.

다만 삼고초려를 할 당시 제갈량의 초가로 3번째 찾아가 그의 대책을 듣고 감동하여 울었던 진실성 있는 인물로 그러질 뿐이다. '유비는 울어 강산을 차지했다'고 하는 중국인의 속마음에는 스스로 모든 것을 해결하는 조조보다 타인의 도움이 필요로 했던 이런 스타일을 이상적인 지도자상으로 생각했다는 것이다. 그리고 그의 신중함은 늘 돋보인다. 관우가 조조를 죽이려 할 때에 그를 제지하고는 '쥐를 잡고 싶어도 그릇을 깰까 걱정한다는 말처럼 황제와 조조가 가까이 있어 가벼이 손을 썼다가 혹시 황제가 다치면 그 허물이 우리에게 덮칠 것이 아니겠는가? 라고 한다.

이들은 자기 혼자서는 생존할 수도 없다는 절망감과 다른 사람의 도움도 받지 못할 것이라는 두려움 속에서 산다. 끊임없이 완벽함과 다른 사람들의 지원과 후원을 찾아다닌다. 또 "우리가 다른 사람이 요구하는 일을 해주면 언젠가 그들도 우리를 도와줄 것이다"라는 생각을 하고 있다.

다음의 항목을 읽고 어디에 해당되는지 체크하세요.

> 【보기】 1점☞ 전혀 그렇지 않다.
> 2~4점☞ 거의 그렇지 않다. / 어느 정도는 그렇다. / 대개는 그렇다.
> 5점☞ 매우 그렇다.

1. 감정적이나 아주 친한 사람이 아니면 거의 드러내지 않는다.(   )점
2. 내가 실수를 했을 때 모든 사람이 나를 공격할까봐 두렵다.(   )점
3. 나는 스스로 결정을 내려서 일을 하는 것보다는, 내게 기대하는 일을 하는 것이 더 편하다.(   )점
4. 나는 사람들에 대해 내가 가졌던 첫인상을 바꾸기 어렵다.(   )점
5. 나는 결정을 내리는 것을 좋아하지 않는다. 그러나 다른 사람이 내 일을 결정해 주는 것도 좋아하지 않는다.(   )점

6. 사람들은 내가 좀 초초해 한다고 하지만 그 이상 예민하다.(   )점

7. 나는 자신이 얼마나 엉망인지를 잘 알고 있다. 그래서 다른 사람이 하는 일에 대해서도 의심을 할 때가 많다.(   )점

8. 사람을 신뢰하고 싶으나 그들의 동기가 의심스러울 때가 많다.
(   )점

9. 나는 정말로 일이 끝날 때까지 쉬지 않고 계속 일한다.(   )점

10. 나는 모든 일에 내해 회의적이며 냉소적이지만 그러다가 태도를 바꾸어 완전히 몰입해 버리기도 한다.(   )점

※ 점수를 합산하여 30점 이상이 되면 이 유형이라고 할 수 있다.

~20점☞ 제6번 유형이 아닐 것이다.

20~30점☞ 제6번 유형과 비슷한 특성을 가지고 있다.

30~40점☞ 제6번 유형의 성격을 가지고 있는 것 같다,

40~50점☞ 제6번 유형일 가능성이 가장 많다.

이들은 성장 과정에서 부모나 믿을만한 사람에게 배신의 상처를 입은 경우가 많다. 누군가를 전적으로 믿고 우상화했다가 배반을 당했거나 또는 중요한 약속을 지키지 않는 무능하고 신뢰할 수 없는 부모에게서 실망했을 것이다. 특히 이들 부모 중에는 알코올 중독자가 많다.

이런 아픔을 지닌 이들이 다른 사람에게 충실한 이유는 자신이 버려져서 다른 사람들의 지지나 후원이 없어질 것을 두려워하기 때문이다. 이 유형에게 주요한 문제는 자신감 부족이다. 삶의 도전을

헤쳐 나갈 내적 자원이 스스로에게 부족하다고 느낀다. 그래서 자신이 해야 할 일을 모두 하면 신이 자신을 돌봐 줄 거라고 기대하는 것이다.

그래서 스트레스가 커지면 지나칠 정도로 철저하게 준비하고 광적으로 업무에만 집중하는 일중독자가 된다. 자신이 잘하면 모든 위험을 피해 가거나 예방할 수 있다고 생각한다. 그러나 아주 큰 회사도 부도를 내며 국가도 좋은 시기와 어려운 때가 있는 법이다.

이들은 근심 걱정이 많은 사람들로 따분하고 단조로운 일에 사로잡혀 있다. 명문화한 협약까지도 위태롭다고 생각할 만큼 비관적이다. 천성적으로 새로운 아이디어는 일단 부정부터 하고 보는 경향이 있고 남의 흠을 잘 잡는다. 사고방식은 피상적이며 결정 속도도 빠르다. 그러나 문제는 결정을 하고 난 후 바로 그것에 대해 의문을 품는다. 이런 의심, 걱정은 이들을 도피하거나 투쟁적으로 대응하도록 만든다. 특히 권위에 대한 의심 때문에 실제보다 과장되게 .생각하고 반항하거나 아부하는 방식으로 그러한 권위에 대응한다.

비록 타고난 회의론자이기는 하지만 통찰력을 가지고 있다. 이들은 잠재된 문제를 파악하여 다른 사람들에게 알려주는 조기 경보 시스템 역할을 한다. 또한 세상은 적대 관계가 기승을 부리고 있는 장소라고 알고 있으므로 실제로 충성심과 팀워크를 중요시한다. 배후에서 일어나고 있는 일에 늘 관심을 기울이고 있기 때문에 늘 망을 보고 있는 파수꾼처럼 행동한다. 미리 걱정하고 준비하는 유형이므로 오히려 최악의 사태가 드러나 비상시국이 되면 걱정해야 할 것이 없는 평상시보다 신바람 나게 움직이는 위기 대처 능력이 뛰어난 사람이다.

그리고 개혁가 유형은 내면의 비평가를 가지고 있는 반면에 이들은 내면의 위원회를 가지고 있다. 그래서 주어진 상황에서 그 위원회의 구성원들이 어떻게 반응할지 생각하면서 자신이 해야 할 일을 신중하게 한다.

일에 중독될 만큼 성실하게 노력했으나 기대했던 외부 지지가 거의 없게 되면 자기 좌절에 빠지고 극단적인 열등감을 느끼게 되며 상처 입힌 사람에게 보복하려고 격렬하게 사람들을 공격한다.

이들이 명상 모임에 가거나 영적 신앙을 가지게 되면 항상 의심이 많고 혼자 있기를 좋아하는 자세에서 벗어나 동료 의식을 가지고 소속 집단을 신뢰하게 된다. 심지어 타인들도 수용하고 자신의 불안과 부정성을 극복하여 더 이상 타인으로부터 자신을 보호해야 한다는 생각도 사라질 뿐만 아니라 자신감도 가지게 된다.

찬송과 만트라 명상

만트라는 신성한 단어나 문장을 반복적으로 읊고 암송하는 방식이다. 대표적인 것으로 기독교에서는 '주 예수 그리스도여! 저희를 긍휼히 여기소서!'라는 기도문을 만다라로 사용하고 있다. 그리고 '하늘에 계신 우리 아버지'나 '성령이여! 임하소서!'라는 말을 사용하여 성령의 감화를 받고 싶어 했다. 마더 테레사는 다른 어떤 방법도 아닌 오로지 소리 내어 기도를 했다고 한다. 특히 주기도문을 낭송하는 데 혼신을 다한 끝에 그녀는 순수한 명상의 경지에 다다를 수 있었다. 또한 하나님에 대한 찬미 어구의 반복은 '심장의 기도' 혹은 '예수의 기도'라고 불리는 기도의 한 가지 형식으로 알려져 있다.

불교에서는 '나무아미타불 관세음보살' 같은 진언이 있다. 이것은 단순한 단어나 문장이 아니라 우리의 의식을 보다 높은 차원으로 데리고 가는 정화 작용을 한다. 비교적 짧은 주문을 진언이라고 하며 긴 것은 다라니라고 하는데 번뇌를 소멸하고 보다 큰 지혜를 얻게 한다.

인도에서 가장 많이 사용되는 진언은 '라마' 라는 간단한 말이다. 간디가 사용하던 것으로 '기쁘게 하기' 라는 의미를 가진 산스크리트에서 비롯되었다. 이런 진언들은 낯선 단어처럼 비쳐지기 때문에 우리는 그것을 우리말로 번역하고 싶을 수도 있다. 그래서 경우에 따라 우리말로 바꿔서 생각하며 그 의미를 파악하기도 한다. 그러나 진언은 본래 그 상태로 사용하여 만트라의 느낌을 유지하는 것이 좋다.

가장 보편적으로 사용되는 진언은 '옴AUM' 이라는 것이다. 옴의 소리는 우리 몸을 편안한 휴식의 상태로 인도하고 깨달음의 차원에서는 우리의 의식을 초의식의 상태로 상승시킨다.

이 '옴' 은 말과 침묵 사이의 경계선상에 있는 진언이다. 또 말이라는 것은 의미가 있는 것이지만 침묵은 의미가 없는 것도 아니고 의미가 있는 것도 아닌 초월적인 것이다.

카일라스 순례지에 있는
진언 새김 돌

그것은 A와 U 그리고 M이라는 세 가지 기본 음으로 구성되어 있다. 이는 문자도 아닌 그림으로 표현되기도 한다. 그러므로 이 진 언은 소리로 이루어진 세계가 끝나고 무한한 침묵의 세상이 시작되는 그 시발점에 존재한다. 손으로 귀를 막고 '옴'을 암송하면 배꼽으로부터 진동이 흘러나오는 것을 느낄 수 있다. 점차 높은 부위로 올라가 콧구멍에도 진동이 전해진다. 우울한 기분일 때는 이 '옴' 진언을 50번 정도 반복하면 기분이 좋아진다. 특히 리듬감 있게 발음하면서 암송하면 마음은 보다 고요해지고 집중력도 커진다.

한 호흡이 끝날 때까지 옴 소리를 계속하고 한번 호흡에 두 번 하지 말아야 한다. 규칙적으로 호흡을 할 필요도 없다. 숨을 내쉴 때마다 선택한 단어나 문구를 반복한다. 큰 소리로 반복하는 것이다. 처음 시작할 때는 자신의 방이나 자신이 하고 싶은 만큼 큰 소리로 '옴'을 염송할 수 있는 장소에서 한다. 수천 명이 들을 수 있을 만큼 온몸으로 염송한다. 온몸이 떨리고 세포 하나하나가 울릴 정도로 크게 한다. 머리끝에서 발끝까지 온몸을 이용하여 염송한다. 하루에 적어도 한 시간씩 계속 옴을 염송하면 3개월 안에 입이 아니라 온몸이 염송하는 것을 체험하게 될 것이다.

2단계에서는 입을 다물고 '옴'을 마음으로 염송한다. 처음에는 몸이요 다음에는 마음인 것이다. 이제는 몸은 전혀 사용하지 말고 입술을 포함하여 모든 신체 부위를 닫고 오직 마음으로만 염송한다. 몸으로 염송했을 때처럼 마음속으로 자신이 할 수 있는 만큼 크게 한다. 이때는 마음을 '옴'의 소리에 빠지게 하는 기간으로 3개월 동안 지속한다.

마지막 3단계에서는 몸을 사용해서는 안 되고 마음을 사용해서도 안 된다. 이미 3~4개월 동안 '옴'을 염송했다면 아주 쉽다. 침묵 속에서 가슴속에서 울려 나오는 '옴' 소리를 듣는다. 그저 듣는 자가 되어 가슴과 저 멀리 우주에서 전해주는 우주의 음, '옴'을 들으면 된다.

고요한 호수에 조약돌을 던지면 파문이 일어나듯 진언을 수백만 번 암송하면 그것이 두뇌에 새겨지고 각인되어 몸과 마음이 완전히 정화된다. 이처럼 지속적으로 반복하면 감정의 내구력이 생겨서 더 이상 노력하지 않아도 쉼없이 계속되어지는 것이다. 그런 다음에는 그냥 묵묵히 있는 가운데에서도 언제 어느 장소에 있든지 간에 관계없이 진언의 소리가 든다.

특정한 진언을 끊임없이 반복하면 나중에는 임의로 노력하지 않아도 자연스럽게 되며 그 순간 점점 더 그것은 의식에서 떨어져 나가 무의식에 도달하게 되고 그 일부가 된다. 일단 무의식의 일부가 되기만 하면 그것은 깊은 근원에서 기능하기 시작한다.

깊은 집중 상태에서는 오직 진언의 느낌만이 남고 개개의 음절에 대한 인식은 희미해 질 수 있다. 단편적인 방식보다는 전체적이면서 자연스런 방식으로 이해한다. 이런 경험은 깊은 명상 상태에서 비롯된 것이며 마음이 멍해진 결과가 아니다.

이슬람 방식은 먼저 지고의 신만을 묵상하며 마음으로 영접하는 것으로 시작한다. 그리고 홀로 앉아 혀를 끝없이 굴려 '알라, 알라'를 읊조리며 온 정신을 그 단어에 집중한다. 그러다 보면 그 단어가 마치 저절로 입 밖으로 흘러 나오는 듯한 상태에 이르게 된다. 거기서 그치지 말고 온몸으로 그 단어를 읊조리게 될 때까지 계속해야 하는 것이다. 거기서도 멈추지 말고 그 단어의 형태, 즉 철자와 모양이 사라지고 다만 의미만이 남아 다시는 떨어져 나갈 수 없도록 심장 깊숙이 파고들 때까지 계속한다.

이런 명상 방식이 아니라도 우리 조상들도 안방에 앉아 서책을 열고 큰 소리로 읽는 방식으로 학문도 닦고 마음도 정화시켰다. 이른 새벽에 일어나 세수를 하고 의복을 단정하게 한 후에 몸을 앞뒤로 흔들며 낭랑한 목성으로 사서삼경을 읽는다. 특히 맹자의 「진심장盡心章」은 우리 선비들이 즐겨 낭독하던 문장들이다. 이런 문장을 수시로 읽고 묵상을 하는 자체만으로도 좋은 마음공부의 방편이 될 것이다.

맹자의 진심장

남이 알아주더라도 또한 느긋하며 남이 알아주지 않더라도 또한 느긋하여야 한다人知之라도 亦囂囂하며 人不知라도 亦囂囂니라.

군자가 지나가면 그로 인해 덕화가 되고 군자가 함께 하면 그로인해 본래의 마음을 되찾게 되어 상하 모두가 천지와 조화를 이루게 되니 이 어찌 작은 은혜라고 할 수 있겠는가夫君子所過者는 化하며 所存者는 神하여 上下與天地同流하나니 豈曰小補之哉리오!

좋은 말을 듣고 바른 행동을 보면 실천할 것을 결단함에 있어서 큰 강이 줄기차게 흐르듯 하여 거칠 것이 없도다及其聞一善言하시며 見一善行하사는 若決江河沛然이라 莫之能禦也니라.

이익을 치밀하게 도모하는 자는 흉년이 두렵지 않고 덕을 널리 베풀면 혼란한 세상이라 할지라도 위태롭지 않을 것이다周于利者는 凶年이 不能殺하고 周于德者는 邪世不能亂이니라.

우리의 몸과 마음은 본래 하늘의 이치를 담고 있는 그릇이니 다 깨달은 이후에야 가히 이를 바로 쓸 수 있도다形色은 天性也니 惟聖人然後에 可以踐形이니라.

다음은 진언을 이용하여 신통력을 얻게 된 할머니의 이야기이다.

좋은 가정을 이루고 살던 여인은 60세가 되면서 남편이 저 세상으로 떠나게 되어 세 아들과 협의하여 솜틀공장을 운영했다. 공장은 번성했고 모든 수익은 4등분으로 나누어 세 아들에게 지급하고 남은 어머니 몫은 모시는 기간 만큼씩을 계산하여 추가 지급하는 방식으로 살았다. 늘 평안하고 기쁨 속에 지내다가 70세가 되는 어느 날 한 스님이 그렇게 세상에 애착을 가지다가 죽으면 업보가 된다는 말을 듣고 깜짝 놀라 처방을 받게 된다.

"오늘부터 절대로 집 밖으로 나가지 말고 '나무아미타불' 만 외고 일심으로 아미타불을 친견하여 극락에 가기만 기원하시오"라는 말을 듣게 된다.

그때부터 10년 가까이를 집안일에는 일체 간섭하지 않고 하루 종일 '나무아미타불' 만 외웠다.

그러다 앞일을 보는 신통력이 생겼다. 오늘은 우리 공장에 화기火氣가 미치고 있으니 솜틀 기계를 멈추고 물통을 많이 준비하고 있으라고 당부했다. 그 날 오후가 되어 옆집에서 불길이 솟았는데 마침 준비하고 있던 물통을 이용하여 신속하게 불을 끌 수 있었다.

이 할머니는 88세에 타계했는데 매일 몸에서 빛이 나와 그 주위를 밝게 비추는 기적이 일어났다. 낮에는 햇빛 때문에 보이지 않다가 밤이 되면 불을 켜지 않아도 대낮처럼 밝아서 멀리서 그 빛을 본 사람들이 '불이 났다' 며 물통을 들고 달려왔다고 한다.

무언가 즐거운 일을 찾고 싶은가?

제7유형 다재다능한 사람

케네디는 취임하면서 미국이 세계 자유의 파수꾼이 되어야 한다는 포괄적인 비전을 제시하고 취임 후 불과 3개월 만에 세계 자유를 지키기 위한 병력인 그린베레를 포함하여 평화봉사단을 창설하였다. 그런 후에는 금세기 내에 인간을 달에 착륙시키고 안전하게 지구로 되돌아올 수 있게 하겠다는 새로운 비전도 제시한다. 하지만 그는 무모할 정도로 위험한 모험도 감행하였다. CIA가 주축이 되어 1천5백 명의 쿠바 망명자들이 쿠바를 공격하게 하는 이른바 피그만 침공사건을 계획하고 지원했던 것이다. 누가 봐도 실패할 수밖에 없었다. 병력면에서 카스트로는 잘 훈련된 2만 5천 명을 대기시켜 두고 있었으며 미국의 작전 계획은 실행 몇 주 전부터 CBS 뉴스와 「뉴욕타임스」에 공개되었다. 그럼에도 불구하고 그는 이를 강행하였고 쿠바 미사일 위기 사태를 초래하는 원인이 되기도 한 것이다.

이런 모험가적인 기질은 대학 시절에도 병약한 상태에서 미식축구와 수영 같은 스포츠에서 남들과 경쟁하게 했으며 프랑스 성벽을 기어올라 동행했던 동료들을 경악케 하기도 했다. 그의 끝없는 모험가 특성은 마침내 해군으로 남태평양 전투에 참전하게 하여 전쟁 영웅이 되게 하기도 했다.

이들은 미래에 고통 받을 수 있다는 것을 두려워하며 행복하고 만족스러운 것들을 쫓아 끊임없이 새로운 아이디어를 만들어 가기를 좋아한다. 이들은 "우리 삶이 즐겁고 하고 싶은 것을 한다면 우리 삶은 멋진 것이 될 것이다"라는 신념을 가지고 있다.

다음의 항목을 읽고 어디에 해당되는지 체크하세요.

【보기】　1점☞ 전혀 그렇지 않다.
2~4점☞ 거의 그렇지 않다. / 어느 정도는 그렇다. / 대개는 그렇다.
5점☞ 매우 그렇다.

1. 나는 여행하는 것, 여러 가지 음식을 맛보는 것, 사람들을 만나는 경험을 좋아한다. 그런 것을 할 때 아주 근사하다고 느껴진다.(　　)점
2. 내 달력은 계획으로 가득 차 있고 바쁘게 지낸다.(　　)점
3. 중요한 것은 편안함과 안전보다 흥미진진함과 다양성이다.(　　)점

4. 내가 견딜 수 없는 것은 지루함이다. 결코 지루한 적이 없다.(   )점

5. 어떤 사람과 관계를 맺고 있을 때는 상대에게 충실한 편이나 그 관계
   가 끝나면 곧 잊어버린다.(   )점

6. 나는 호기심과 모험심이 많고 흥미롭고 새로운 것을 좋아한다.
   (   )점

7. 나는 실천보다는 전체적인 계획을 세우는 것을 더 잘 한다. 그래서 아
   이디어 회의가 실제로 적용하는 것보다 더 재미있다.(   )점

8. 뭔가 원할 때는 손에 넣을 수 있는 방법을 찾아내고야 만다.(   )점

9. 이따금 실망에 빠질 때가 있으나 곧 그런 기분에서 벗어난다.(   )점

10. 사람들이 기꺼이 따라와 주면 같이 다니는 것도 좋아한다.(   )점

※ 점수를 합산하여 30점 이상이 되면 이 유형이라고 할 수 있다.
　~20점☞　제7번 유형이 아닐 것이다.
　20~30점☞　제7번 유형과 비슷한 특성을 가지고 있다.
　30~40점☞　제7번 유형의 성격을 가지고 있는 것 같다.
　40~50점☞　제7번 유형일 가능성이 가장 많다.

이들은 어린 시절 어느 시점에서 부모의 이혼, 버림받음, 그저 버
림받았다는 자각심으로 말미암아 세상이란 무섭고 고통스러운 장
소라는 것을 깨닫게 되었다. 특히 어머니의 보살핌을 받지 못했다
는 감정에서 비롯된 아주 깊은 좌절감을 가지고 있다. 성장 과정에
서 양육하는 사람으로부터 분리되었다는 무의식적인 감정을 경험
한 것이다. 하지만 이 순간 그럴 수 있다는 사실을 부정하고 뒤돌아
서서 놀러 나갔던 것이다. 그러면서 특별한 축복을 받고 태어났기

때문에 일상생활의 시련과 고난에서 대체로 구원받게 된다고 믿고 있다.

늘 다음 순간에 가 있다. 그래서 어떤 것도 깊이 경험하거나 한 가지 일에 만족을 얻을 수 있을 만큼 충분히 머물러 있지를 못한다. 항상 머릿속에는 여러 가지 생각을 가지고 있다. 한 가지 일에 마음을 집중시킬 수가 없고 변화를 위한 새로운 변화를 시도한다. 예를 들면 아주 구하기 어려운 티켓을 비싼 값을 주고 구해서 콘서트에 갔는데 해야 할 일들이 머릿속에 계속해서 떠올라 가만히 앉아 있을 수가 없게 된다든지 하는 것이다.

이들은 폭음과 폭식을 하는 경우가 많은데 좌절, 공허함, 뭔가가 부족하다는 느낌을 외부 물질로 채우고 싶어 하기 때문이다. 공허함과 좌절을 직접 경험하기보다는 신체적인 그리고 감정적인 자극으로 관심을 돌림으로써 불안에서 벗어나려고 한다. 심지어 나쁜 상황에서도 재미를 찾아나서는 사람들이다.

기대, 욕망, 과도함의 사이클 안에 묶여 있다. 이것을 초콜릿 신드롬이라고 한다. 비싼 초콜릿이 주는 흥분 중 하나는 깨물어 먹는 것에 대한 기대다. 가장 흥분시키는 것은 경험 자체라기보다 그 경험에 대한 기대다.

또 생소하고 접근 불가능하고 괴상한 것들에 관심을 기울인다. 긍정적인 숨은 음모와 비밀스러운 의미를 계속 찾고 있다. 전형적인 궤변론자들이며 수집가이고 심미안을 가진 사람들이다. 무엇이든 놓치고 싶지 않기 때문에 가장 좋은 프랑스 요리 전문점이나 코냑이나 보석, 새로 나온 영화, 최신 유행과 뉴스를 잘 알고 있다. 이들은 최근의 영화, 최고의 레스토랑, 최신의 유행을 꿰고 있으며 정서적 준비가 안 되어 있기 때문에 취미삼아 일한다. 그러면서도 기반을 다지지 않은 채 즉석의 대가인 척 하려는 경향이 있고 공상 속에 산다.

타고난 거창한 계획 수립자이며 지역 사회와 세계를 위하여 진지하게 봉사하는 이상주의자이다. 그리고 이들은 다른 사람들을 끌어들여 동기를 유발시키는 재능이 있다. 그러나 충동적이며 장기적인 프로젝트를 끝까지 밀고 나가는 인내심이 부족하다. 속박당하는 현실을 두려워하고 회피하는 것이다.

스트레스가 높아지면 다른 사람이 그들의 생각과 행동을 반대하는 것을 불안해하면서 흥분을 하거나 강박 관념에 사로잡혀 자기주장을 고집하게 된다. 나쁜 상황에서도 자기의 솔직한 감정을 무시할 뿐만 아니라 불안전하게 처리하는 것이다. 비관적인 감정이 들면 그대로 두어도 부정성 속에 파묻히는 것이 아님에도 불구하고 그렇게 한다. 이럴 땐 부정적인 측면이 무엇인가를 스스로에게 물어봐야 한다. 사람들을 즐겁게 해 주고 활기찬 분위기를 만들고 싶어 하는 경향을 가라앉히고 할 말만 하고 그냥 경청하는 것이 좋다.

현실을 있는 그대로 직시하면서 주변 환경을 통제하고 지배하기 위하여 적극적으로 실천하게 되면 쉽게 시작하고 쉽게 포기하는 습관에서 벗어날 수 있다. 그리고 참신한 아이디어를 보다 성실하게 실행할 수 있고 사려 깊고 지혜롭게 일을 처리할 수 있게 된다. 새로운 일과 경험들을 하지 못하면 행복이 사라져 버릴 것이라는 두려움에서 벗어나 어떤 일이든 진지하게 개입하고 공헌하는 사람이 될 것이다.

그리고 외부 세계의 어떤 경험일지라도 이들을 궁극적으로 만족시키거나 불안에서 자유롭게 하지는 못하겠지만 조용한 명상 세미나에 참가하여 자신 속에서 만족을 찾는다면 기쁨의 진정한 근원인 고요함과 평화를 발견하게 될 것이다.

참선과 정통 요가 명상

소크라테스가 어느 날 밤에 숲속에서 별을 보고 있었다. 별을 보고 있었는데 어느 순간에 별이 몽땅 사라지고 세상도 다 사라져 버렸다. 그러면서 고요하고 잔잔한 축복과 함께 환희가 넘쳐났다. 그저 나무 밑에서 돌상처럼 굳어져 눈을 뜬 채 서있게 되었다. 그렇게 다른 사람들에게 발견될 때까지 48시간을 움직이지 않고 서있었던 것이다.

참선의 시작은 달마이다. 그의 상을 보면 둥글고 큰 눈에 눈동자가 위쪽으로 붙어

있다. 눈을 뜨고 있으나 눈앞에 놓여진 사물을 보는 것이 아니라 미간 사이에 그의 의식이 집중되어 있어서 그러한 것이다.

그와 관련된 유명한 일화가 있다. 그는 눈을 깜박거릴 때마다 집중이 흩어지는 것을 알고는 더 이상 깜박거리지 않기 위해서 눈꺼풀을 떼서 버렸다. 그랬더니 눈꺼풀이 떨어진 땅에서 나무 한 그루가 자라나기 시작했다. 그것이 차나무이다. 그래서 신선한 차 한 잔이 우리의 두뇌를 맑게 한다는 것이다.

연화좌 1.
오른발을 왼쪽 허벅지
위에 둔다.

연화좌 2.
왼발을 들어
오른쪽 허벅지 위에 놓는다.

달인좌

하나의 근본적인 문제를 가지고 탐구하는 것이다. 앉는 좌법은 일반적으로 오른발을 들어 왼쪽 허벅지 위에 두고 왼쪽 다리를 들어 오른쪽 허벅지 위에 둔다(연화좌). 아니면 왼쪽 뒤꿈치로 항문과 성기 사이를 누르고 오른쪽 발도 그 위에 나란히 두어 같은 지점을 누르는 달인좌도 좋다. 앉을 때는 방석으로 엉덩이 밑을 높여 양 무

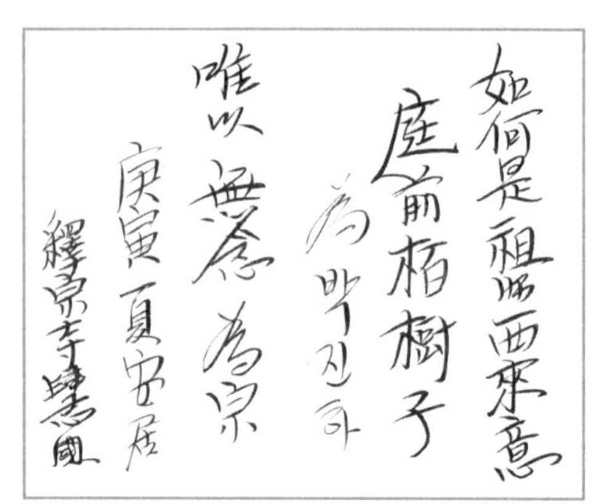

화두는 보통 본인이 임의로 선택하는 것이 아니고 큰 스승이 지정해 주신다. ☞

륜이 바닥에 닿도록 해야 한다.

이 상태에서 근본적인 문제를 탐구하는데 필요한 힌트 한마디인 화두話頭를 참구해야 한다. 최고의 화두는 "니 뭐꼬?(나는 누구인가?)" 이다. 나는 누구란 말인가? 이 몸이 나란 말인가? 그것은 아니다. 그렇다면 이 마음이 나란 말인가? 그것도 아니다. 그렇다면 나는 무엇인가?

티베트에서는 이것을 '자신은 어디에 있는가?' 로 바꾸어 내면을 찾아보도록 하고 있다. 사실 모든 화두는 음으로 양으로 이 문제에 귀결되어 있다. 내가 무엇이고 어디에 있는지 찾는 문제로 귀결된다. 결국에는 '나' 는 없다는 지점에 봉착하고야 만다. 단지 미워하고 좋아하는 마음이 사라지면 텅 비어 버리고 이를 지켜보는 행위만 남게 된다. 이를 보지 못하는 것은 '나' 라는 것에 집착하여 모든 것을 옳고 그름으로 분별하는 두 견해를 가지고 있기 때문이다. 있는 그대로를 직시하면 지극히 높은 도가 확연히 드러난다는 것이다. 나중에는 그저 '니 뭐꼬?' 하는 화두만 남는다. 무슨 일을 하든지 늘 '뉘 뭐꼬?'를 외치고 참구하는 것이다. 그러면 분별망상도 다 떨어지고 한 생각도 나지 않게 되는데 그로 인해 비로소 법이 완성된다.

정통 요가 명상은 앉은 자세에서 미간 사이를 응시하는 것이다. 눈이 코끝을 쳐다보고 의식은 미간에 가 있도록 한다. 앉아서 돌이 되었다고 생각한다. 움직일 수도 없는 석상이 되었다고 생각하고 그 느낌을 가져본다. 먼저 의식을 모우는 응념凝念의 과정이 필요하다. 그런 후 의식에 방향을 주어서 한 대상에 집중을 하면 생각은 멈춘다. 의식을 한 점에 모을 수 있을 때 즉 선정은 가능해진다. 응념 속에서 마음을 한 곳에 모은다.

응시의 대상은 미간 사이에 있는 인당을 포함하여 7가지 종류의 집중점이 있다. 그 중 으뜸은 제3의 눈이 있는 인당이다. 높은 수준의 깨달음이 간직되어 있으며 그런 에너지가 모여 있는 지점이다. 이 에너지 중심점이 각성되면 마음의 변덕이 사라지고 정화된 지성이 드러난다. 제3의 눈에 있어서 의식의 집중은 음식과 같다. 그 동안 제3의 눈이 있는 미간은 굶주려 왔다. 우리가 의식을 이 미간에 집중하면 되살아 날 수 있다. 조금만 주시하면 굶주려 있던 제3의 눈이 떠져서 우리의 주시를 도와 줄 것이다. 그렇게 집중하면 우리 눈은 코끝을 보고 있으나 보이지 않게 된다. 그리고 그 한 점마저도 놓는다. 그러면 완전히 존재의 중심 속으로 들어가게 된다.

눈은 비록 떠있으나 눈으로 흐르는 에너지가 적어져 시력이 떨어지는 그 시점부터 단전에서 올라온 에너지가 비로소 제3의 눈으로 모아진다. 그때의 중심은 보통의 눈에서 제3의 눈으로 이동한다. 그러면 시간이 멈춰지고 이 세상도 사라지고 홀로 내면으로 깊이 들어 갈 수 있게 된다.

명상하기 전에 집중력을 높이기 위해서 다음과 같이 방식을 사용하여 훈련할 수도 있다. 차가운 물로 두 눈을 깨끗하게 씻고 기도하는 분위기로 촛불 앞에 앉는다. 어두운 방에 편안한 명상 자세로 앉는다. 촛불을 양미간 중앙에 약 60㎝ 앞에 둔다. 척추를 바르게 세우고 몸을 이완시킨다.

준비가 되면 눈을 뜨고 심지 끝 부분 바로 위의 불이 가장 밝은 부분을 응시한다. 수련을 하면 눈을 깜박거리거나 움직이지 않고 몇 분간을 응시할 수 있다. 주변 사물이나 심지어 내 몸까지도 사라질 정도로 의식을 오로지 촛불에 집중한다. 초불의 끝을 응시하고 5분을 지켜보면 많은 것을 관찰할 수 있다. 또 불꽃 주위에서 무지개를 볼 수 있다. 빛은 모든 색깔의 집합체이기 때문이다. 눈을 깜박거리지 말고 응시해야 한다. 눈물이 흘러내린다 해도 그냥 지켜본다. 오히려 눈물은 우리의 눈동자를 적셔서 신선하게 만들어 준다.

몇 분 뒤에 눈이 피로하기 시작하면 눈을 감고 이완한다. 촛불의 잔상을 양미간 중앙의 조금 위나 앞에 유지시키고 이처럼 이마 씻기를 행한다.

그러면 집중은 한 점에 머물러 있게 되는 것이다. 그것은 생각이나 사고의 과정이 아니라 한 점으로 존재하게 하는 것이다.

다음은 요가 명상가의 흥미로운 에피소드이다.

어느 맑은 날 독일의 유명한 인도학자는 서재에서 독일어로 쓰여진 책을 보고 있었다. 대략 15일 동안 읽었으나 그 책의 반도 읽지 못했다.

그때 인도에서 온 명상가가 인사를 하면서 들어왔다. 그러자 그 학자는 자기가 읽고 있는 책이 매우 훌륭한 책이라고 했다. 이에 그 명상가는 한 시간 동안만 그 책을 볼 수 있게 해 달라고 했다. 그러나 학자는 이 말을 이해할 수 없어 '독일어로 되어 있기 때문에 읽기 어려울 것'이라고 대답했다.

"독일어를 잘 안다고 그 책을 더 잘 이해할 것이라고 확신할 수 있습니까?"라고 말하면서 그 책을 들고 서재를 떠났다. 그리고 정확히 한 시간 후에 서재로 돌아왔다. 그 학자가 책을 다 읽어 보았는가라고 물었더니 "그것을 다 읽었을 뿐만 아니라 다 이해하였습니다"라고 하는 것이다.

그래서 그가 읽은 부분에서 몇 가지 질문을 했더니 너무나 잘 알고 있었다. 너무 놀라 "정말 믿을 수 없네요! 어떻게 그럴 수 있나요?"

그 명상가는 웃으면서 "책을 읽는 방법도 여러 가지가 있습니다. 보통의 방법으로도 읽을 수 있지만 보다 특별한 방법으로 읽을 수도 있습니다"라고 했다.

그는 우리가 사용하는 눈으로 읽은 것이 아니라 제3의 눈을 열어 읽고 이해한 것은 아닐까?

절대 강자가 되고 싶은가?

제8유형 지배하는 유형

맹장 장비는 신장이 8척이나 되며 큰 눈과 호랑이 수염을 가지고 있었으며 목소리는 천둥소리와 같았다. 이처럼 무도하고 과감한 이미지와는 달리 정사正史에서는 서화와 풍류에도 능한 문무를 겸비한 장군으로 기록되어 있다. 그래도 그의 기록들은 용맹함을 보여주는 것들뿐이다.

유비에게 누명을 씌우려고 취조하고 있던 조사관의 머리채를 휘어잡고 관청 밖으로 끌어내 말뚝에 묶었다. 그리고는 버들가지를 꺾어 볼기를 친다. 나뭇가지가 10여 개나 부러졌다. 이런 대담한 성품을 지닌 장비는 전쟁터에서도 최고의 맹장이다. 단 20기만 이끌고 장판교에서 조조의 30만 대군에 맞서서 호통을 치는 장면은 호쾌하다. "나는 장익덕이다. 누가 감히 앞으로 나와 죽도록 싸울 자가 없는가?"라고 우레같은 소리를 외치자 다리가 끊어지고 조조군은 30리나 후퇴했다고 한다. 과장된 이야기이긴 하나 장비 장군의 용맹함을 잘 그린 부분이다.

이들은 누구보다도 남에게 해를 입거나 침해를 당하는 것이 싫어하여 외부로부터 자신을 보호하고 자기 삶을 스스로 결정하고 싶어 하는 유형이다. 그래서 이들은 "내가 강해서 모든 상황을 내가 장악할 수 있다면 나는 안전하고 괜찮을 것이다"라고 생각한다.

다음의 항목을 읽고 어디에 해당되는지 체크하세요.

> 【보기】 1점☞ 전혀 그렇지 않다.
> 2~4점☞ 거의 그렇지 않다. / 어느 정도는 그렇다. / 대개는 그렇다.
> 5점☞ 매우 그렇다.

1. 나는 아주 독립적이다. 남에게 의존하는 것을 좋아하지 않는다.
  (　　)점
2. 내가 누군가에게 관심을 가지게 되면 그들은 돌봐 주어야 한다고 생각한다.(　　)점
3. 나는 약하고 우유부단한 사람들에 대한 동정심이 별로 없다.(　　)점
4. 나는 의지가 강하다. 그래서 쉽게 포기하거나 주저앉지 않는다.
  (　　)점
5. 나에게도 부드럽고 감상적이 면이 있지만 아주 소수의 사람들에게만 그런 모습을 보여 준다.(　　)점

6. 나를 아는 사람들은 내가 직선적으로 표현하는 것을 좋아한다.
   (   )점
7. 나는 어려운 난관을 뚫고 성공하는 것도 좋다고 생각한다. 나를 강하
   게 만들어 주기 때문이다.(   )점
8. 나는 스스로가 도전자라고 생각한다. 나는 사람들을 독려하여 최선을
   다하도록 한다.(   )점
9. 어떤 상황에서는 손해를 볼 수 있지만 내가 아니었으면 좋겠다.
   (   )점
10. 나는 크게 화를 낼 때도 있다. 그러나 곧 가라앉는다.(   )점

※ 점수를 합산하여 30점 이상이 되면 이 유형이라고 할 수 있다.
 ~20점 ☞ 제8번 유형이 아닐 것이다.
 20~30점 ☞ 제8번 유형과 비슷한 특성을 가지고 있다.
 30~40점 ☞ 제8번 유형의 성격을 가지고 있는 것 같다,
 40~50점 ☞ 제8번 유형일 가능성이 가장 많다.

이들은 성장 과정에서 체벌을 받거나 육체적으로 곤욕을 치르면서 자라난 경우가 많다. 형제 가운데 한 사람이 계획적으로 이들을 꼼짝 못하게 했거나 부모가 바보 취급을 했을 수도 있다. 아니면 교사가 좋지 못한 성적을 조롱했거나 이웃집 악한이 이들을 괴롭히고 폭력을 가했을 수도 있다. 어려운 곤경 속에서 이겨내려고 싸웠거나 암이나 소아마비 같은 병마에 시달렸을 수도 있다.

싸워서 저항하지 않으면 죽음밖에 없다는 메시지를 받았던 것이

다. 이들은 진실과 정의야말로 내가 가야할 길이라는 굳은 신념을 가지고 있다. 이런 진실은 싸움을 통해 실현된다고 생각하며 정의롭지 못한 것들에 대한 분노는 정당하며 당연한 것이라고 믿는다. 이 분노는 다른 사람들에게 겁을 주어 쫓아버리기 위한 일종의 방어의 수단이 되기도 한다. 도발적이고 복수심이 강하나 이런 흥분이 오래 지속되면 결국에는 지치고 몸도 망가지게 될 뿐이다. 이들에게 '적당히' 라는 것은 없다. 음식, 성, 일에 대한 욕구를 한계상황까지 끌고 나가고 싶어 한다. 그러면서 이런 도전이 주는 강렬함과 흥분을 즐긴다. 세상을 단순한 권력 투쟁의 장소로 보고 있으며 세속적 쾌락과 관능적 탐닉을 실제보다 과장하여 생각하는 경향이 있다.

또한 다른 사람을 거부함으로써 스스로를 방어하려고 한다. 그 결과 다른 사람들과 어울려 사랑을 나누는 능력이 부족하다. 사랑은 다른 사람이 자신에게 힘을 행사하도록 허락하는 것이라고 생각하기 때문이다. 반면에 유머 감각도 있고 놀라울 만큼 억세고 부드러움 면을 겸비하고 있으며 반드시 사람들의 호감을 얻을 수 있는 무엇인가를 가지려고 한다. 나쁜 점은 이들이 정당한 거래를 하기보다는 사람들을 불리한 위치에 놓고 거래하려 한다는 것이다.

의도한 것처럼 주변 환경을 통제 또는 지배할 수 없게 되어 스트레스가 많아지면 주위 사람들을 적으로 만들어 그들을 지배하려고 하거나 후퇴하여 움츠러들어 관찰하고 생각하게 된다. 마침내 자기들의 생존을 위협할 정도로 편집증적인 병적 증상이 나타난다.

분통을 터트리거나 격노할 것이 아니라 명상을 하여 자기 성격의 패턴을 확인하게 되면 다른 대안도 고려해 볼 뿐 아니라 전력을 기울여 권력을 추구하고 적대 세력에게 꼭 보복을 하고야 마는 성격에서 다른 사람을 보호하고 감싸주는 성격으로 바뀐다. 그들 자신의 이익과 지위를 강화하는 대신 다른 사람들을 양육하고 도움을 주며 자신의 감정에 솔직하게 표현할 수 있게 되고 타인과도 사랑과 헌신을 나눌 수 있게 된다.

신선들의 수행 방편

단전 수련의 첫 걸음은 먼저 마음을 고요하게 하고 다리를 포개어 단아하게 앉아야 한다. 그리고 눈썹은 문발을 내리듯이 내리고 시선은 코끝에 있는 흰빛을 지켜본다. 코는 배꼽 부위와 마주 보일 수 있도록 턱을 몸 쪽으로 당겨서 앉는다.

아랫배가 나왔다 들어갔다 하는 횡격막 호흡을 빨리하다가 호흡을 멈춘 다음에 우리의 의식과 기운이 배꼽 아래 하단전에 머물도록 한다. 숨을 가득 들이마셔서 온몸을 공기로 채워 멈추는 것이다. 이렇게 숨을 멈추고 편안하게 있으면 폐에 있는 종기는 내려가고 신장에 있던 정기는 올라가서 서로 만난다.

허공에 있는 우주 에너지를 호흡으로 흡입하여 가슴 속에 있는 폐에 간직하고 있는데 이를 천기天氣 또는 화기火氣라고 한다. 이 기운은 불의 특성을 가지고 있어 밑에서 위로 올라가는 성향을 띠고 있다. 그러므로 마음을 편안히 하여 하단전 밑까지 내린다. 특히 어깨를 비롯하여 상체를 편안하게 이완시키면서 내려 주어야 한다.

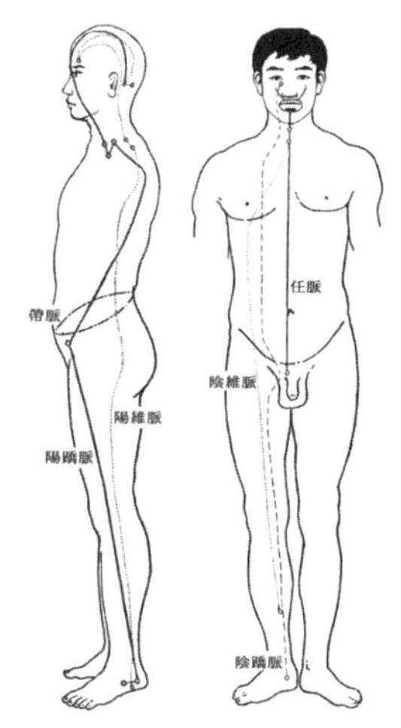

기경순행도奇經循行圖

이와는 달리 부모로부터 선천적으로 받아 보관해 온 에너지는 원기元氣 또는 수기水氣라고 하는데 물처럼 중력의 작용으로 위에서 아래로 떨어지려는 특성을 가지고 있다. 보통은 섹스 에너지로 소비될 수 있는 이 기운을 항문 주위에 있는 괄약근을 조여 아래에서 위쪽으로 올라가게 해야 한다. 즉 허파에서 시작된 호흡의 에너지는 위에서 내려오게 하고 하단전에서 시작된 섹스 에너지는 밑에서 위로 올라가게 해야 한다. 이 둘이 만나고 우리가 음식물로 섭취한 지기地氣가 합쳐져서 생명 에너지를 창조한다. 그래서 만들어지는 것이 진기이다.

이때 혀는 입천장에 붙여 턱을 가슴 쪽으로 당기고 항문의 괄약근을 조여서 마신 기운이 밖으로 빠져나가지 않도록 한다. 마음을

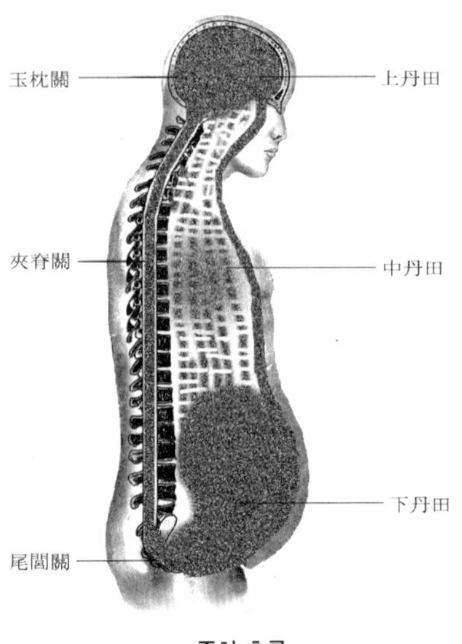

주천 흐름

고요히 하여 머리를 아래로 드리우고 시선은 코끝을 향하게 한다.
그러면 기는 어쩔 수 없이 아래로 내려간다. 그러면 좌우 신장 사이
에 있는 명문에서 생명 에너지인 진기가 만들어 진다. 오랫동안 호
흡을 멈추고 참다가 더 이상 참을 수 없게 되면 다시 빠른 호흡을
한다. 다시 숨을 가득 들이마신 후에 멈추고 있으면 진기가 생성된
다. 그러면 하단전이 약간 나오고 따뜻한 기운이 만들어진다. 이때
는 어깨의 긴장을 푸는 것이 중요하며 잘 되면 손바닥에서 온기가
느껴진다. 이렇게 진기가 모아져 축적이 되면 하단전에서 덩어리가
생성된다. 그리고 이 진기가 작용하여 병을 소멸시키고 흩어지게
한다. 이런 진기 생성 과정은 개인에 따라 다르지만 대략 100여 일
정도 소요된다.

이처럼 진기가 생성되면 다음 단계인 주천周天으로 나아가게 되는데 이를 호흡의 들고 나감에 맞춰서 몸 주위로 운행하는 것을 말한다. 숨을 들이마실 때는 하단전에 축적해온 기운이 아래에서 위로 척추를 따라 반원을 그리며 올라오게 하고 숨을 내쉴 때는 가슴을 따라 위에서 아래로 반원을 그리며 내려오게 한다. 이처럼 원을 그리며 우리 하단전과 목 사이를 운행하게 하는 것이다. 이것이 소주천이다. 즉 척추 뒤쪽으로 흐르는 독맥으로 기를 올렸다가 가슴 앞으로 흐르는 임맥으로 내린다. 가상적인 것이 아니라 실제적으로 그렇게 흐른다. 확실하게 기운이 흘러가는 것을 확인할 수 있다.

좋은 게 좋은 거 아닌가?

제9유형 평화주의자

우리 한국인으로서 유엔 사무총장이 된 반기문 총장이 이런 성향을 가지고 있다. 전형적인 외교가 기질을 타고난 것이다. 초등학교 시절에 같은 반 급우가 비교적 넉넉한 생활을 했던 그의 도시락을 훔쳐 먹다가 들켰다. 담임선생이 그 아이를 야단치려고 "그거 네 도시락 아니잖아!'라고 하는데 기문이 학생이 들어와 "아닙니다. 선생님! 제가 먹으라고 했어요"라고 했단다. 이런 성향은 외교관이 되어 고위 공무원이 되었을 때도 나타난다. 보고하려고 온 직원들에게 직접 의자를 가져와 앉히거나 나갈 때는 문을 열고 배웅까지 했다고 한다. 총장 선거 기간에도 다른 후보를 헐뜯거나 비방하는 일은 전혀 없었으며 이런 품성이 전세계인을 감동케 했을 것이다. 그는 늘 겸손하고 온순한 성품을 가지고 있었으나 자신의 생각에 확신이 들면 끝까지 소신 있게 추진하는 기질도 가지고 있다.

일반적으로 비교적 안정적인 감성을 지닌 이런 유형의 사람들은 비교적 다른 사람들에게 싫은 말을 못하고 소외당하거나 잊혀져가는 것을 두려워한다. 그래서 다른 사람으로부터 호감을 얻어 내면의 안정감과 마음의 평화를 유지하고 싶어 한다. 모든 사람이 좋아하고 괜찮다는 것을 찾으려고 노력하며 다들 좋아하는 것만 하려는 성향이 있다.

다음의 항목을 읽고 어디에 해당되는지 체크하세요.

【보기】 1점☞ 전혀 그렇지 않다.

2~4점☞ 거의 그렇지 않다. / 어느 정도는 그렇다. / 대개는 그렇다.

5점☞ 매우 그렇다.

1. 나와 있으면 안전하기 때문에 사람들이 나를 좋아하는 것 같다.
   (　　)점

2. 혼자 있거나 다른 사람들과 있더라도 내 마음만 편안하면 된다.
   (　　)점

3. 나는 앞에 나서는 것을 좋아하지 않는다.(　　)점

4. 나는 내 뜻대로 하기보다는 흘러가는 대로 내버려 두는 편이다.
   (　　)점

5. 나는 지금 있는 것으로 충분하며 쉽게 만족하는 편이다.(　　)점

6. 내가 산만하고 멍하다고 하지만 사실 나는 상황을 잘 이해하고 있으나 직접 개입하고 싶지 않을 뿐이다.(   )점

7. 내가 특별히 고집이 세다고는 생각하지 않는다. 그러나 사람들은 내가 일단 마음먹으면 누구의 말도 듣지 않는다고 말한다.(   )점

8. 대부분은 쉽게 흥분하지만 나는 안정되고 침착한 편이다.(   )점

9. 나는 다른 사람의 관점을 쉽게 이해할 수 있다. 나는 사람들에게 동의하지 않을 때보다는 동의할 때가 더 많다.(   )점

10. 나는 부정적인 것에 머물기보다는 긍정적인 것을 강조한다.(   )점

> ※ 점수를 합산하여 30점 이상이 되면 이 유형이라고 할 수 있다.
> ~20점☞ 제8번 유형이 아닐 것이다.
> 20~30점☞ 제8번 유형과 비슷한 특성을 가지고 있다.
> 30~40점☞ 제8번 유형의 성격을 가지고 있는 것 같다,
> 40~50점☞ 제8번 유형일 가능성이 가장 많다.

이들은 어린 시절에 대립 관계를 피하고 다른 사람들과 계속 관계를 맺어나가기 위해서 자신의 요구 사항을 억누를 줄 알았다. 현실에 깊이 개입해서 스스로가 나서서 활동적으로 살고 싶어 하지 않는다. 삶이 그들에게 덜 위협적이 되도록 안전한 거리를 유지한 채 사는 것을 좋아한다. 조용하게 일관되게 기다리면 모든 것이 잘 될 것이라는 신념을 가지고 있으며 흐르는 강물을 거스르지 않는다. 권한 위임에 능숙하며 태평한 기질의 소유자이다.

나와 의견이 반대인 경우라도 단지 시각 차이일 뿐이라는 말을

직감하는 타고난 중재자이다. 그래서 이들은 자신들의 욕구를 충족시키면서 동시에 소속 집단 내 모든 사람들과도 좋은 관계를 유지할 수 있다는 생각이야말로 이들에게 가장 큰 의미를 가지고 있다. 모든 사람과의 대결이나 갈등을 피하면서 할 수 있는 일을 찾기 때문에 무엇인가를 결정하는데 많은 시간이 필요로 한다. 느리고 의무감도 부족하며 숲만 보고 나무를 보지 못한다. 강요받을 때까지 행동으로 옮기지 않거나 기다리기를 좋아한다. 그래서 어떤 갈등도 야기하지 않는 작지만 다루기 쉬운 세세한 일들에 집중한다.

바꾸기 위해서는 너무나 많은 것을 참작해야 하기 때문에 굉장히 더디지만 일단 출발하면 방향을 변하게 하기 어렵다. 또 다른 합의를 만들어 간다는 것이 쉽지 않기 때문에 두려워하는 것이다. 한 번 결정되면 그것을 고집스럽게 주장하며 때로는 거칠게 행동하기도 한다. 이처럼 일단 일을 착수하면 일관성과 책임감을 가지고 실천하고 화합을 이루겠다는 욕심에서 자신들의 권력을 이용하기도 한다.

이 유형은 음악, 예술, 그림, 무용과 같은 비언어적인 방식으로 자신을 표현하기를 좋아한다. 그리고 전체적으로 생각하고 우주와 하나가 되는 느낌을 경험하려는 욕구를 가지고 있다.

이들에게 어떤 결정이나 행동을 강요하여 스트레스가 많아지면 무기력해진다. 이들은 분노가 나쁘고 부정적인 것이라고 생각하는 경향이 있다. 그러나 분노는 우리의 활동 에너지가 될 수 있다. 내면에 있는 장애를 극복하고 앞으로 나아가게 하는 활력소가 될 수 있다. 이것이 분노가 가지고 있는 긍정적인 면이다. 분노는 우리에게 이로움을 주기도 한다는 것이다. 이런 사실을 이해하게 되면 자신의 입장을 정하지 못하고 다른 사람의 입장을 받아들이는 대신 자기 나름의 입장에 따라 능률적이고 효과적으로 행동하게 된다.

만다라와 상징 세계

모든 감각의 중심은 눈이다. 우리 의식의 대부분은 눈에서 수집된 정보에 의존하고 있다. 그리고 우리가 가진 에너지의 80%는 눈으로 방출되고 있다. 만약 시력을 잃어 세상을 볼 수 없으면 그만큼 소비되는 에너지가 적어질 것이다. 만약 이런 에너지를 외부의 사물을 보고 분별하는데 사용하지 말고 내면의 세계와 만나는데 이용한다면 커다란 지혜를 얻게 될 것이다. 그래서 인도에서는 장님을 세상은 볼 수 없지만 큰 지혜의 눈을 가진 사람이라고 한다.

많은 의식이 시각에서 출발한 이미지 정보에 의해 만들어 진다. 이처럼 중요한 시각적 감각을 이용하여 깨달음의 경지에 이르게 하는 것이 만다라이다. 많은 미술가는 그림을 그릴 때 그들 마음속에 있던 근심이 사라지고 거의 황홀한 경지의 자유로움과 맑은 의식을 체험한다. 그림 자체가 주는 위대한 그 무엇인가가 그렇게 만든다.

이런 미술적인 부분을 이용하여 마음의 상처를 치유하는 기술이 미술 치료이다. 특별히 어떤 기법이 필요 없이 그림을 그리는 행위 자체가 정신 이상을 치료하는데 큰 효과가 있다고 한다.

우리가 그리는 그림에는 감추어진 무의식의 세계가 상징적으로 표현되어 진다는 것이다. 우리의 꿈에 과거의 아픔이 나타나 우리에게 보여주듯이 그림 속에도 나타난다. 이런 점을 주시하여 과학적으로 처음 접근한 심리학자는 융이다.

그는 매일 아침 동그라미 모양을 그려 그 속에 어떤 생각도 없이 느껴지는 그대로를 그리기 시작한 것이다. 이것과 함께 그날의 생각을 기록한 일기도 같이 적어 나갔다. 그러던 어느 날 그 속에 그린 그림들이 그릴 당시의 자신의 마음을 나타내고 있다는 것을 서서히 알게 되었다. 이것이 미술 치료의 심리학적인 이론 근거가 된 것이다.

동양에서는 이런 그림이 상징하고 정신에 미치는 영향의 중요성을 일찍부터 파악하고 있었다. 그래서 나온 것이 만다라이다. 이런 만다라는 두 가지 방식으로 사용되었다. 하나는 직접 그리는 방식이고 다른 하나는 그려진 그림의 이미지를 활용하여 명상하는 방식이다.

만다라를 그리는 행위는 그림이 가진 무의식적인 언어를 이용하여 처음 만다라를 그린 깨달은 스승과 만나는 일이다. 그 속에 남겨진 원형적인 에너지를 수용하여 자기의 의식성을 동화시키는 합일 과정이라고 할 수 있다. 무의식으로 전해지는 비밀의 진리를 이심전심으로 전수받는 방편이라고 할 수 있다. 만다라는 비언어적 설법이며 깨달음으로 가기 위한 수행 방식이다.

티베트에서 수행승들이 만다라를 그리는 것으로 그의 내면을 닦는 수련을 하고 있다. 땅 위에 준비된 별도의 공간에 여러 색깔의 모래로 만다라를 그린다. 고운 색상으로 조성된 티베트의 만다라가 완성되면 다음 단계인 명상으로 나아간다.

이러한 작업 과정에서 내면에 있는 여러 가지 요소들을 대면하게 함으로써 깨달음의 순수한 의식성을 체험하게 하기 위한 것이다. 이런 만다라는 수행승의 마음 상태를 확인하는 시험 도구로 사용되기도 하고 완벽한 깨달음에 의해서 시각화시킨 이미지를 동일하게 그려가게 함으로써 순수한 의식성을 각성하게 할 수도 있다.

기존에 전래되어 오는 만다라가 아닌 개인이 자유롭게 그리는 만다라도 마음 정화 효과가 있다. 정신병자를 치료하는 과정에서 그들이 가지고 있는 생각이나 과거의 아픔을 털어놓고 이야기하는 것 자체가 중요한 치료 행위가 되듯이 그림을 그리는 행위 자체가 마음의 상처를 치유하는 약효가 있다. 그려진 그림에는 그것을 그리는 사람의 마음이 담겨 있기 때문이다. 모든 색깔과 형태 및 그려진 수량에는 그것이 상징하는 의미가 있다. 그러므로 그림을 그린다는 행위는 비언어적인 방식으로 속마음을 털어놓는 것이 되는 것이다.

이런 방식으로 만다라를 사용하려면 참가자로 하여금 원형의 도형 안에서 마음대로 그리게 한다. 그러면 그리는 그 자체가 정신적인 정화 작용이 된다. 이때 그리는 장소는 혼자만의 조용한 장소로 적어도 한 시간 정도 외부의 간섭을 받지 않는 공간이어야 한다. 고요하고 즐거운 분위기를 만들 필요가 있으며 그에 적합한 음악도 있으면 더욱 좋다. 그림을 시작하기 전에 몇 분간 이완하는 휴식을 가지는 것도 도움이 된다. 가급적 생각하지 않는 무심의 상태에서 색깔을 채워 넣는데 원의 중심부터 하거나 가장자리에서 시작한다.

그러면 이것이 우리의 내면 질서를 다시 만드는 명상의 도구가 된다. 그리는 것 자체가 명상이다. 이런 만다라는 마음의 상처가 된 심리 내면을 찾아 화해하고 나아가 전체성으로 합일해 가는 과정으로 상징된다.

이처럼 심리적인 성장과 영성적인 체험의 도구로 사용되는 만다라에는 중심과 주변 의식이 나타나 있고 의식과 무의식 세계도 같이 표현된다. 중심에 그려진 것들은 그릴 당시에 가장 중요하게 여겨지는 것들이 상징적으로 그려진다. 그리고 큰 원상에서 12시 방향으로 그려진 그림들은 현재 의식이고 반대 쪽 6시 방향에 그려진 그림은 평상시 무의식 저편에 숨겨진 그림자 부분이다. 사용된 색상은 그 사람의 감정을 나타낸다. 특히 빨강, 파랑, 초록, 노랑이 성공적으로 조화를 이루고 있다면 제작자의 정신 속의 요소들이 적절하게 분화되어 내면적 조화를 이루고 있음을 나타낸다.

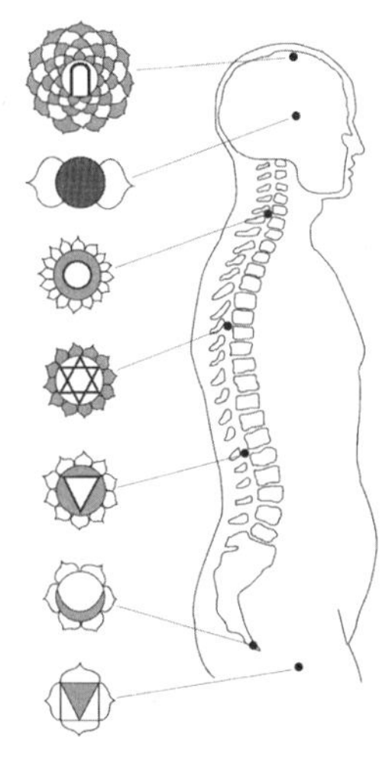

요가에서 중시하는 하단전에서 상단전까지 생명 에너지를 올리는데 지나가는 주요 교차로(차크라, cakra)가 여러 색상과 대비된다는 것이다. 이들은 척추를 따라서 일정한 간격으로 위치하고 있는데 7가지이다. 각 지점별로 상징하는 색상은 7가지로 무지개 색상과 일치한다. 척추 아래쪽으로부터 빨강, 주홍색, 노란색, 초록색, 파란색, 남색, 그리고 보라색으로 상징된다.

차크라

그래서 무지개 색상을 모두 사용해서 만다라를 제작하면 특별한 치유의 효과가 있다고 한다. 이러한 현상을 '무지개의 경험' 이라고 한다.

다음은 만다라를 활용하여 명상을 하는 방법이다. 만다라를 하나 정해 완전히 실재감이 느껴질 때까지 집중한다. 몇 주가 걸리더라도 한 가지 대상을 정해서 끝까지 집중한다. 그러면 어느 순간 세상은 사라지고 그 대상물만 남는다. 마지막에는 자신마저도 잊고 관상하는 대상물만 존재하게 한다. 우리 의식은 오직 한 가지 이미지만 가득 차게 한다. 그런 다음 두 번째 단계로 넘어가 이번에는 눈을 감고 잊어야 한다. 첫 번째 단계를 확실해 해야 다음 단계도 완성할 수 있다. 떠오른 이미지를 지워가는 것이다. 그러면 대상은 더 이상 거기에 있을 수 없게 된다. 오직 우리의 의식만이 빛이 되어 떠오를 것이다. 그것은 순수의식의 빛이며 불꽃이다.

이런 방식을 이용하면 우리 인체 내부의 모습도 볼 수 있다고 한다. 먼저 척추만 그려진 인체의 해부도를 보고 명상을 한다. 눈을 감고 척추에 나온 영상을 떠올려 보면서 우리 앞에 떠오르는 척추 이미지에 집중한다. 그러면 어느 순간 이미 본 척추 사진은 사라지고 전혀 다른 척추가 보인다. 그것은 다른 것이 아니라 바로 우리의 척추인 것이다. 우리의 척추가 이미지로 나타난 결과이다. 그럴 때는 처음에 본 이미지를 새롭게 떠올린 영상으로 대체해야 한다.

이것은 티베트 불교에서의 관상 훈련 원리를 적용한 것이다. 이 불화를 집중하는 방식의 관상은 먼저 눈을 감고 가상의 공간을 만들고 실제로 불화에 나와 있던 여러 이미지를 하나씩 세심하게 그려간다. 보통은 3년 정도 해야 이미지를 눈앞에 선명하게 떠올릴 수 있는데 그러면 비로소 성공했다고 할 수 있다.

부록

티베트
순례기

순례는 종합 수련이다

마음공부를 하는 많은 사람들은 여행을 떠난다. 여행이 주는 활력이 있다. 일상적인 생활에서 이탈하여 새로운 환경을 만나면 우리의 일상생활을 조명해 볼 수 있기 때문이다. 그 속에 파묻혀서 생활을 하고 있는 사람은 자기의 실상을 모른다.

우리의 일상은 늘 반복된다. 우리가 사는 이 공간이 전부처럼 느껴진다. 우물 속에 갇혀 사는 개구리와 같다. 좀 더 넓은 시야를 가질 필요가 있다면 여행을 해야 한다.

다른 한편으로는 자기가 믿고 있는 신앙의 근원지나 원형이 남아 있는 장소를 찾아보는 것은 성지 순례이다. 성자들이 전하거나 남긴 깨달음의 의미들을 그들이 살았던 지역에서 확인했을 때 더욱 명확해지기 때문이다. 그리고 오고 가는 과정이 고행이다. 그 여정

자체가 수련이고 마음 닦음이다.

서양에서 누구보다도 먼저 이런 방편으로 여행을 하고 성지 순례기를 쓴 저자가 있다. 그는 특별한 성직자도 아닌 평범한 러시아의 이름 모를 농부였다. 그는 팔이 불구이고 집도 없는 가난한 농부였던 것이다. 단 두 권의 성전과 빵 몇 조각만 가지고 주기도문을 읊조리면서 19세기 러시아의 시골 마을과 광야를 방랑했다. 많은 지식인도 만나고 독실한 기독교인들과 교류도 했다. 때로는 산적을 만나기도 했으며 자기를 해치려는 사람들을 오히려 기독교적인 헌신과 친절로 감화시키기도 했다. 이런 순례 과정을 거쳐 그의 영혼은 더욱 맑아졌으며 크나 큰 영적 환희를 체험했다고 한다.

요가와 명상의 성지는 어디인가? 물론 그의 시발점은 인도이다. 하지만 그를 발전시키고 그런 요가와 명상의 원형을 보존시켜온 국가는 오히려 티베트이다. 인도는 이슬람 정권에 의해 요가의 전통을 상실한 반면 호전적인 국가였던 티베트는 그와 반대로 요가와 종교에 의해 전혀 다른 형태로 변화된 지역이다. 무엇보다 동양의 성지인 카일라스가 있어 요가 공부를 하는 요기나 불교인에게 가장 큰 성지로 추앙되는 땅이다.

티베트인들은 히트 요가를 한다. "눈이 내리는 추운 겨울밤에 티베트의 라마승은 벌거벗고 밖으로 나간다. 영하의 기온이므로 얼어 죽을 지도 모른다. 그는 자신의 육체가 불타오른다고 상상한다. 그 열기가 너무 뜨겁기 때문에 땀이 비 오듯 흐른다고 상상한다. 그러면 피까지 얼어붙을 만큼 추운 날씨임에도 불구하고 그는 실제로 땀을 흘리기 시작한다."

이런 기록을 확인하기 위해 여행을 떠난 사람이 다름 아닌 하버드 의대 교수였다. 실제로 그런 일이 가능한지 과학적으로 검증하고 싶었다.

그는 문헌상의 기록을 먼저 찾아보고 조사한다. 히트 요가로 체온을 높여서 망상을 불태우고 정화시킨다고 기록되어 있다. 이 요가는 요즘 유행하는 핫 요가와는 정반대이다. 핫 요가Hot Yoga는 뜨거운 실내 온도 속에서 하는 요가이지만 히트 온도Heat Yoga는 차가운 기후 조건 속에서 자기 몸을 뜨겁게 만드는 요가이다. 사람이 추위에 노출되면 몸에서 가장 중요한 뇌와 가슴의 온도를 정상적으로 유지시키기 위해서 피부에 가까운 혈관을 수축시켜 손가락과 발가락으로 가는 혈관을 차단한다고 한다. 손이나 발은 없어도 살 수 있으나 뇌나 심장이 멈추면 죽기 때문이다.

그런데 티베트 수행승들은 명상이 극에 달하면 생명 에너지가 몸의 중심으로 모여 회전하면서 심오한 체열을 만들고 남은 열기는 두뇌 속으로 들어가 환희를 체험케 한다는 것이다. 그래서 이들은 요가를 하는 수행승을 찾아 명상이 진행되는 동안 체온을 측정했다. 추운 날씨에도 불구하고 체온은 일정 온도가 유지되는 반면 손가락과 발가락은 이보다 급격하게 상승하는 것을 확인할 수 있었다. 그것은 실재하고 있었고 과학적 검증도 가능한 사실이었다. 그런 기록을 남긴 보고서가 『과학 명상법*Beyond The Relaxation Response*』이란 책이다. 이것이 미국으로 하여금 명상과 요가에 대한 관심을 증폭시킨 역할을 담당하기도 했다.

티베트 불교도들은 만다라 요가 방식의 수행을 한다. 먼저 자기 눈앞에 10~15㎝ 정도의 작은 불상이 있다고 관상한다. 이에 앞서서 실체 불상을 보고 관찰하게 되는데 평면적인 것보다 입체적인 것이 좋다고 한다. 먼저 불상을 본 후에 눈을 감고 가상적인 공간에 불상의 이미지를 그린다. 그것이 확실하고 분명하게 그려지면 그를 옮겨 자신의 두뇌 위에 불상이 있다고 생각한다. 이어 그 이미지가 점차 작아져서 내 몸으로 들어와 융합되어 한 몸이 되었다고 관상한다. 마지막으로 부처와 내 몸이 하나가 되었으므로 내가 기쁨과 환희에 가득 차 있다고 상상하는 방식이다.

또 다른 방식으로는 모든 사람과 존재가 평등하다는 사실을 인식하게 하는 명상으로 그 순서는 먼저 자신과 관계도 없고 관심도 없는 그런 중간적인 대상을 찾아 관찰한다. 그러면서 그들에 대한 집착이나 분노를 제거하고 마음으로 평등심을 내어 그들을 지켜본다.

그런 후에 가까운 친구나 가족과 같이 강한 애착의 대상이 되는 사람들을 대상으로 관찰을 진전시킨다. 그 다음에 분노와 증오의 대상이 되는 적에게 까지 명상 대상을 확대하고 마지막에는 모든 존재까지 평등심을 일으키도록 하는 것이다.

이들은 모든 존재는 시작을 알 수 없는 윤회 속에서 한번은 나의 어머니였다고 생각한다. 지금은 나를 괴롭히고 미워하지만 전생에는 나를 지극히 사랑하고 보살피던 어머니였다고 믿는 것이다. 그러면 미워하던 마음도 증오하던 분노심도 사라진다. 반대로 지금 나를 사랑하는 가족과 친지들은 오히려 반대로 전생에는 서로 미워하거나 죽고 죽인 적이 있었다고 생각한다. 그래서 그들은 모든 사람과 존재에 대해 평등심을 가지고 접근할 수 있게 되는 것이다.

지금도 가장 많이 수행하는 방편은 '옴 마니 반 메움' 이라는 진언을 외는 방법이다. 이들은 진언을 외울 때 너무 빠르거나 느리게 하지도 말고 정확한 발음과 적당한 속도로 의미를 생각하면서 암송한다.

매일 몇 번을 하겠다고 서언을 하고 이 진언을 외우는데 어느 한 장소에서 반쯤 염송하고 다른 곳에서 나머지를 외우는 것은 허용하지 않는다. 한 장소에서 쉬지 않고 약속한 수만큼 암송해야 하는 것이다.

같은 것을 반복해서 외우거나 읽는 방식은 중요한 마음 닦음의 방편이다. 많은 책을 피상적으로 읽기 보다는 단 몇 권의 책을 읽더라도 자기화하는 것이 훨씬 효과적이라고 한다. 간디는 평생 『바가바드 기타』를 읽었다. 그래서 그는 "이 책은 나의 문제에 대한 해결책을 알려주는 나의 사전이 되었다. 나는 모르는 영어 단어의 뜻을 알기 위해 영어 사전을 펼쳐보듯이 나의 모든 고민과 시련에 적합한 조치와 행동을 찾기 위해 이 사전을 펼쳐본다"고 했다.

요가는 지적인 이해를 믿지 않는다. 요가는 육체의 이해를 믿고 존재 전체가 포함된 전체적인 이해를 신뢰한다. 두뇌가 변해야 할 뿐만 아니라 존재의 깊은 근원까지도 변해야 한다. 그래서 같은 책을 읽고 또 읽어서 체화될 때까지 계속한다.

또 이들이 가장 중시하는 수행법은 일상에서 자신의 마음과 말과 행동을 계속 주시하는 것이다. 자기의 성격을 관찰하고 자기의 일상을 지켜본다. 그래서 터득한 깨달음이란 새로운 어떤 것도 아니고 질적으로 변화하여 만들어진 것도 아니다. 모든 그릇된 것을 버리는 것이다. 그러면 깨달음은 자연히 드러난다.

나의 티베트 순례기

직장 생활과 성지 순례

우린 바쁜 일상을 보낸다. 아침에 일어나면 텔레비전을 켜고 뉴스를 본다. 출근해서는 전일 영업 현황이나 회사의 주요 일정을 체크하고 오늘 할 일을 정리한다. 그런 후에 회의에 참가하거나 보고서를 만들기도 한다. 이렇게 하루를 보낸 우리는 저녁에 동료들과 만나 회사 업무와 관련된 잡다한 이야기를 하며 시간을 보낸다. 어제와 별 다름이 없는 하루를 보내고 있는 것이다.

우리의 직장은 경쟁이 치열한 전쟁터이다. 우리 한국인의 특성이 이런 경쟁을 더욱 부채질하고 있으며 그것이 우리를 더욱 괴롭히고 있는 것이다. 우리는 강한 서열 의식을 가지고 있다. 한번 양반은 영원한 양반이고 한번 상놈은 영원한 상놈이라는 신분제도의 믿음이 잔존해 있기도 하지만 다른 한편은 다 같은 인간인데 너와 내가 다를 바 없다는 평등심도 병존한다. 이런 양면성이 늘 우리 곁에서 우리를 감시하고 지배한다.

그래서 우리는 '최고가 되어야 한다' 는 말을 가장 많이 듣고 자란다. 어떻게든 출세해야 인정을 받고 대우받는 사회가 되었다. 그러니 출세라는 것이 가장 주요한 이슈가 되었고 그로 인한 파생되는 문제점도 매우 많다.

이런 경쟁 의식은 최고가 아닌 모두를 패배자로 만들어 버린다. 지금에 와서는 여러 부작용도 야기시키고 있다. 앞으로 우리 사회는 보다 많은 전문가가 필요한 사회가 되어 가고 있다. 일인 지도자가 지시하는 대로 움직이는 대량생산 체계가 아닌 개인의 능력과 적성에 따라 직업을 선택하고 전문 지식을 가진 사람들이 근간이 되는 지식 산업 시대가 되어 가고 있는 것이다.

그럼에도 불구하고 전문가보다는 조직을 지배하는 최고의 통치자가 되기를 바란다. 하나를 위해 올인하는 시스템이 된 것이다.

일인자가 되기 위해 펼치는 경쟁 체계는 늘 변화와 역동성이 파동치는 조직이 되게 한다. 다른 한편으로는 제품의 생명 주기는 더욱 짧아지고 새로운 경쟁 상대가 언제 어느 순간에 출현할지 모르는 세상이 되었다. 같은 업종을 가진 경쟁사와의 싸움이 아니라 전혀 다른 업종의 기업이 우리의 시장을 잠식할 수도 있다. 이런 강력하고 개방적인 경쟁 시스템이 조용한 아침의 나라를 어느 순간에 역동적인 한국dynamic Korea이 되게 한 것이다.

원숭이들을 두 그룹으로 나누어 한 그룹은 구성원을 바꾸지 아니하고 2년간을 유지하게 하였다. 그 그룹은 자연스럽게 리더를 결정하였고 그를 중심으로 편안한 안정 관계를 유지하면서 지내게 되었다. 이에 반해 다른 그룹은 2개월에 몇 마리씩 바꿔서 그 그룹의 리더가 그 자리를 지키기 위해 경쟁하게 하였다. 2년 후에 두 그룹 내 원숭이의 조직을 검사하였는데 불안정한 상태에서 경쟁했던 그룹의 리더는 동맥경화증이나 심근경색증 등으로 건강이 매우 나빠 있었으며 안정된 그룹의 리더는 아주 건강했다. 그리고 그들 밑에서 있었던 동료들은 그 중간 상태이었다는 의학 보고가 있었다. 이러한 건강 차이를 만든 것은 스트레스라고 한다.

이런 치열한 경쟁 속에서 만들어진 스트레스는 직장인으로 하여금 독한 소주를 마시고 취하게 만든다. 소주와 위스키와 같은 독한 증류주 기준으로 우리나라 주류 소비량이 세계 최고 수준이며 한 해에 음주로 인한 사회적 비용만도 4조 9000억 원을 사용하고 있다고 한다. 출고량 기준으로 보면 15세 이상 우리 국민들은 1인당 한

해에 평균 소주 6,705병, 맥주 248병, 양주 1.8병을 마신다고 한다. 그래서 음주 문화를 바꿔야 한다고 캠페인도 전개하지만 쉬운 일은 아닌 듯 싶다.

한편 강한 스트레스는 우리 직장 생활을 재미없게 하고 있다. 최근 발표한 조사 결과에 의하면 한국의 직장인 가운데 48%는 마지못해 회사에 다니고 있다고 한다. 이는 세계 평균보다 10%포인트나 높은 수치다.

또 미국과 일본을 포함한 22개국의 2만여 직장인을 대상으로 업무 몰입 정도를 조사하여 발표한 보고서에 따르면 한국인의 몰입도 비율은 6%로, 전 세계 평균인 21%에 현저히 못 미치고 있다는 것이다. 이는 직장인들이 자신이 근무하는 기업의 성공을 위해 시간과 에너지 등을 얼마나 자발적으로 투자하는가를 나타내는 것이다.

이제는 다들 성공한 사람이 되는 그런 사회로의 전환이 필요하다. 그렇게 되려면 패러다임의 변환이 필요하다. 모든 사람들이 자기 적성에 부합되고 좋아하는 직업을 가질 수 있도록 해야 할 뿐만 아니라 그 일을 통해 성취감도 느낄 수 있도록 해야 한다. 우리는 너무 획일적으로 성공한 사람을 정의하는 것은 아닌가? 사회주의가 쇠망하고 전 세계가 자본주의화 되어 가는 추세에 따라 우리는 너무 물신주의에 몰입된 것은 아닌가? 우리의 성패와 행복 여부를 물질로만 판단하고 정신적인 측면은 외면하고 있는 것은 아닌가?

우리는 우리 마음을 돌볼 여유도 없이 너무 치열한 경쟁 속에 내

 탈옥의 KEY, 무 개념 명상

몰리고 있다. 조그만 기다리면 행복하게 해 줄 테니 기다리라고만 할 것인가? 우리도 이젠 우리 내면을 돌아보고 자신 자신을 성찰해 볼 시간이 되었다.

티베트의 지도자인 달라이 라마의 이야기가 이처럼 가슴에 와 닿는 것은 이런 이유가 있어서 그러할 것이다.

오늘날 사람들은 외부 세계에 대해서는 무척 관심이 많으나 정작 내면의 세계는 무시해 버립니다.

우리는 살아남기 위해서 진보와 번영을 가져오는 과학과 물질을 필요로 합니다. 그러나 이에 못지않게 마음의 평화도 필요합니다. 그 어떤 의사도 당신에게 마음의 평화라는 주사를 놓아 주지 못하며, 그 어떤 시장에서도 그런 것을 팔지 않습니다. 수백만 달러의 돈이 있다 면 슈퍼마켓에 가서 온갖 물건을 당신 마음대로 살 수 있습니다. 하 지만 거기에 가서 마음의 평화를 달라고 하면 사람들이 웃어 버릴 것 입니다. 그리고 의사에게 일시적인 신경안정제나 안정제 주사가 아 니라 진짜 마음의 평화를 달라고 요구한다면, 의사는 당신을 전혀 도 와주지 못할 것입니다

—『나의 티베트에서』, 달라이 라마

이번 여행은 이런 치열한 경쟁의 여정을 잠시 멈추고 내면세계

를 지켜보는 중요한 시간이 될 것이다. 티베트는 몇 가지 면에서 특별한 장소이다. 물질적인 측면에서 본다면 빈곤하기 그지없는 낙후된 지역이며 국가의 주권도 중국과의 전쟁에서 패배하여 빼앗긴 국가이다. 그런 티베트가 많은 사람들이 즐겨 찾는 성지 순례지가 된 까닭은 무엇인가? 티베트는 경제나 정치적으로 미개발 지역에 해당하지만 초기 불교의 형태를 볼 수 있는 최적의 장소이다.

인도에서 이슬람의 침범으로 불교가 위태롭게 되었을 때 많은 고승들이 종교적 자유와 불교의 전파를 위해 찾아 간 신세계가 티베트이었다. 그 이후로 티베트는 완전한 불교 국가가 되었으며 세계에서 유일하게도 종교 지도자가 정치 통치를 겸하는 종교 국가가 된 것이다. 중국에 점령되기 직전에 티베트 전역에는 6,000개 이상의 사원과 약 60만 명의 승려가 있었다고 한다.

해발 6,714m 영산, 카일라스

흔히 기독교를 기도의 종교라고 정의하는 반면에 불교는 명상의 종교라고 한다. 그런데 불교의 주요 수행 방편이 되고 있는 명상은 현대인에게 가장 큰 위협이 되고 있는 스트레스를 해결하고 정신적인 평화를 찾는 가장 효과적인 방법으로 인식되어 미국과 유럽을 중심으로 그에 대한 연구와 명상 센터가 거의 폭발적으로 증가하고 있다. 그런 추세와 함께 종교를 떠나 명상의 원형을 찾고 그를 확인하고 싶어 하는 티베트 여행객도 늘어 가고 있다. 사실 티베트에 가면 서양인 순례자들을 많이 볼 수 있다. 우리는 지프를 타고 여행을 하지만 그들은 걷거나 자전거를 타고 순례한다. 서양인 노부부가 동행하여 성산 카일라스에 올라와서는 명상도 하고 감격의 눈물을 흘리는 장면은 가히 감동적이다.

또 티베트는 세계에서 가장 높은 지역으로 해발 3,000m 정도에 거주지가 위치하고 있으며 높은 산들은 해발 7,500m가 넘는다. 세계에서 가장 높은 지대에 자리 잡고 있는 이 티베트는 이상한 신비감을 가지고 있다. 우리가 백두산을 신성하게 생각하는 것처럼 모든 민족은 높은 산을 경배하고 숭배하는 신화를 가지고 있다.

무엇보다 티베트에는 일반적으로 수미산이라고 알려진 카일라스Kailas라는 산이 있어 그러하다. 이 카일라스는 우리에게는 이른바 땅의 기운의 원천인 곤륜산이라고 하는 학설도 있을 만큼 특별한 의미가 있는 성산이기도 하다.

풍수지리설을 미신이라고 하면서도 재력가가 되거나 권력이 생기면 명당을 찾아 조상의 무덤을 이장하려 하고 몸이 아프면 터가 나빠서 생긴 것은 아닌가 하고 걱정하는 것이 우리 한국인이다. 왜냐하면 우리 의식 저변에는 모든 땅에는 지기地氣라는 것이 있다는 강한 믿음을 가지고 있기 때문이다.

이런 풍수지리와 관련된 재미있는 일화가 있다.

지금은 영남대에서 풍수학을 강의하는 교수로 한양대 공대를 나온 건축사가 있다. 그는 한국인이 겉으로는 부정하지만 풍수에 대한 절대적 믿음을 가지고 있음을 확인하고 풍수지리학을 공부하게 되었다.

공부가 무르익게 되면서 점차 명당에는 좋은 기운이 있어서 발복하게 된다는 것을 확신하게 된다. 마침내 그는 이를 실제로 검증하기 위한 시도를 한다. 즉 '만약 죽은 사람이 명당에 들어가 그 후손이 큰 복을 받게 된다면, 산 사람이 그곳에 들어가 산다 해도 좋은 영향이 미치지 않겠는가? 하는 생각을 하게 된 것이다.

그리고 그는 명당 혈이 있는 땅을 사서 시신을 안치할 때와 같은 깊이로 땅을 파고, 그 위에 비바람을 피할 수 있도록 비닐을 덮어 움막을 만든 후 그곳에서 기거하며 한 달을 보낸다.

산속에 땅을 파고 그 속에 은거하는 그의 정체를 수상하게 여긴 마을 사람이 간첩이라고 경찰에 신고한다. 그 신고를 접수한 경찰과 예비군들이 그를 간첩으로 체포하는 해프닝이 발생한 것이다.

그 후 그가 머물었던 그 터는 명당으로 널리 알려져 많은 사람들이 사고 싶어 하는 땅이 되었다고 한다.

이런 명당의 기운은 모두 백두산에서 출발한다고 한다. 그리고 이 신성한 백두산의 어머니는 곤륜산이라고 한다. 즉 중국과 우리 나라 조상들은 이 곤륜산을 천지조종으로 부르며 지구 에너지의 원천이라고 믿었던 것이다. 즉, 이 곤륜산의 지맥 하나가 대 사막과 평야를 거처 흘러와 다시 일어나 형성되어진 영산이 백두산이라는 것이다. 결국은 우리 땅이 가지고 있는 기운의 원천은 곤륜산이라고 할 수 있다. 일반적으로 카일라스 산으로 알려진 이 산은 해발 6,714m이며 만년설로 덮여있다. 산의 형상은 마치 거대한 피라미드 형태로 33개의 층계를 이루고 있다. 범어로 '신의 천당' 이라는 의미를 가친 이 산은 수천 년 동안 불교도, 힌두교도, 자이나교도, 본교도 등에 의해 성산으로 존경받아 왔다.

힌두교도들은 이 산을 우주의 중심이라고 믿고 있기 때문에 이 산 혹은 그 주위로 순례하는 것을 최고의 영광으로 생각한다. 그래서 인도의 초대 총리 네루도 임종 때 카일라스 산에 가보지 못한 것을 아쉬워했다고 한다. 다른 한편 불교도들이 우주의 중심이라고 믿고 있는 신화 속의 수미산이 바로 이 산이다.

출발과 티베트의 수도, 라싸

티베트 순례 일정이 짜여 지고 그것이 공개된 그 날부터 기다림은 시작되었다. 약 2주 이상을 비워야 할 일정이기에 회사에는 몇 달 전부터 양해를 구해 온 일이었다. 그래도 장기간 비운다고 생각하니 쉬운 일이 아니었다. 그렇다고 포기할 수 있는 것도 아니다. 다소 무리를 해서라도 반드시 가야겠다고 결심을 하고 출발한 여정이다.

출발하는 날이 일요일이라 쉬는 날이지만 이른 새벽부터 시작하는 요가 수업이 있어 참석하고 오후 3시가 되어 공항버스를 타고 인천공항에 도착했다. 시간이 되니 다들 모여 든다. 아는 일행이 많았지만 낯선 참가자도 보인다.

30분이 늦어 출발이다. 성도에 도착하니 자정이 넘었다. 호텔로 이동하여 잠깐 잠을 청해 본다. 그래도 티베트에 도착하면 샤워뿐만 아니라 머리도 감지 못한다는 가이드의 안내에 따라 일찍 일어나 목욕도 했다.

이른 아침에 비행기를 타고 티베트의 수도인 라싸 공항에 도착했다. 도착하는 순간에 벌써부터 다리가 떨린다는 일행도 있었다. 해발 3,200미터이니 고산증이 나타나기 시작한 것이다.

아직 특별한 징후는 없었다. 관광버스에 올라탄 우리에게 티베트 가이드가 하나씩 여행의 안전과 편안함을 기원하면서 순백의 하얀 머플러(까닥)를 목에 걸어준다. 버스가 시내로 향해 이동하다가

도로가에 멈추어 선다. 잘 포장된 도로 옆에 내린 우리는 지나가는 차량을 피해 길을 건넜다. 그림과 사진으로 보던 큰 부처 부조상이 보인다. 원색으로 밝게 채색된 부처상이 이채롭다. 그 조성 규모가 대단히 크고 또한 웅장하다. 이는 관광의 시작을 알리는 신호이었던 것이다.

라싸에 도착하여 중국식으로 식사를 하고 호텔로 이동한다. 자외선이 강한 햇빛이 부담스럽다. 검정 선글라스 낀 일행이 전혀 다른 사람으로 느껴진다시력 보호를 위한 선글라스는 필수품이다.

티베트 불교의 최고 성지인 조캉 사원은 호텔에서 걸어서 갈수 있을 만큼 가까웠다. 이 사원은 티베트가 가장 번성하던 시기에 위대한 왕송첸캄포에 의해 건립되었고 티베트인으로부터 특별한 사랑을 받고 있는 성지이다.

티베트에는 서기 6세기 이전의 역사 자료가 거의 없다고 한다. 이 왕이야말로 정확한 연대를 도출해 낼 수 있는 최초의 왕이라고 한다. 그는 티베트 문자를 개발하고 중국으로부터는 의학과 점성술을, 인도로부터는 성스러운 불교를, 서쪽에 있던 네팔로부터는 식료품 저장법과 자원을 가져온 문명 개화의 영웅이었다.

그런 그에 의해 건립된 이 사원은 티베트인에게는 최고의 성지가 되었으며 필수 순례 코스가 된 것이다. 도착하니 많은 사람이 모여 있다. 사원 정문에 모여 삼배를 드린 후에 시계 방향으로 돌아

순례를 한다. 침묵의 순례이다.

이전에는 '옴 마니 반 메움'이라는 진언을 암송하며 순례하는 티베트 사람들의 인파가 대단했었다고 한다. 티베트인의 문맹률이 수도인 라싸의 경우에도 70%에 이를 만큼 크다. 불교 경전을 읽지 못하는 티베트인을 위한 가장 좋은 수행 방편은 '옴 마니 반 메움'을 외우면서 오른손으로는 기도바퀴마니차를 시계 방향으로 돌리는 기도 방식이다.

조캉 사원은 늘 티베트 반란의 진원지가 되어 왔다고 한다. 일반적으로 시위는 승려들과 티베트인들이 이 사원 주위의 순례 코스바코르, 八角街를 3바퀴 돈 후에 깃발을 들고 티베트 독립을 요구하며 일어난다고 한다. 이어 시위 참가자는 즉시 체포되고 이는 두 번째 시위를 초래하게 한다. 이번에는 시위 참가 승려가 더 늘어나고 체포와 조사 과정에서 발생한 가혹한 폭력에 항의하며 더 많은 군중이 광장으로 모여 든다. 드디어는 진압 과정에서 발포를 하는 비극적인 사태로 확산된다는 식이다. 그래서 이 사원은 주요 감시 대상이 되어왔던 것이다.

순례 코스에는 공안과 군인들이 배치되어 젊은 티베트인들이 보이면 신분증을 점검하며 경계의 눈빛을 늦추지 않고 있다. 우리도 순례를 마치고 다리가 아파 잠시 모여 앉아서 이야기를 나누려 하면 이내 사복 공안이 나타나 일어나라고 한다. 잠시 항의의 눈빛으로 버티려 해보았으나 소용이 없다.

사원 안으로 들어간다. 좁은 공간을 지나 오르락내리락 하는데 무척이나 힘이 든다. 쉬었으면 하는 마음도 있었으나 참고 일행을 따라간다.

그렇게 관광을 하고 있는데 사원 위에서 남녀 일행이 모여 노동가를 부르며 지반을 다지는 공사를 하고 있다. 납작한 둥근 쇠판이 부착된 막대기로 누르고 두드려서 인공 지반을 만들고 있었다. 대리석 같아 보이는 사원 바닥이 이처럼 사람들의 의해서 인공으로 만들어지고 있었다. 지붕이고 바닥이고 이런 방식으로 견고한 지반을 조성하고 있었다. 그들은 함께 흥겹게 노래를 하면서 바닥을 두드리다가 휴식 시간이 되면 우리를 구경거리 삼아 즐거워한다. 관광 온 외국인들이 이들에게는 최고의 볼거리이다. 우리도 그들을 보고 그들도 우리를 본다. 이처럼 티베트 전역에 있는 사원들은 신앙심에 근거하여 자발적으로 모인 자원봉사자들에 의해서 재건되고 있었다.

순례와 관광을 마치고 호텔로 돌아왔다. 심한 두통이 느껴진다. 강하고 빠른 호흡풀무 호흡을 해 보지만 좀처럼 두통이 사라지지 않는다. 고지대 티베트가 만드는 고산증이다. 또한 평소에 늘 하던 미간 응시 명상이 더욱 더 이 증상을 가속시키고 있는 듯하다. 두통이 심해 참을 수가 없었다.

밤이 되었다. 고산증에는 물을 많이 마시는 것이 좋다. 저녁식사도 포기하고 누워 있는데 두통은 더해 오고 마실 물도 없었다. 물을 가지러 나가기도 힘들다. 한 걸음도 옮기기 어렵다. 겨우 나가 물을 구하여 마시고 또 마셔 보았지만 소용이 없다.

호흡 밖에 이를 극복할 방법이 없다 생각하여 다시 풀무 호흡을 시도했으나 한번 상기된 기는 좀처럼 내려가려 하지 않는다. 할 수 없다. '이열치열이다' 라는 기분으로 108배를 시도해 본다. 일 배를 하고 헉헉댄다. 숨이 목까지 차오르고 이러다 숨이 멈춰질지도 모르겠다는 망념이 든다.

그리 시작된 큰 절은 점차 티베트식 오체투지로 변해가고 있었으며 눈가에서는 이유 없는 눈물이 흐르기 시작했다, 어린아이처럼 울어본다. 다소 두통이 가라앉았다가는 다시 괴롭힌다. 이러다 성지순례를 포기하고 한국으로 되돌아가야 하는 것은 아닌가 하는 생

각이 든다. 드디어 108배를 마치고 잠을 청해 보았으나 잠을 잘 수 없다. 엎치락뒤치락 거리다 객실 바닥에 앉아서 미간에 의식을 두고 명상을 해본다. 거울을 보니 핏발이 서 있다. 그리 밤을 지새우고 있었다. 그날 밤은 유독 길었다. 눈물과 두통이 가득한 그러한 밤이었다.

고산증의 경우에 나타나는 증상이 개인별로 정도의 차이가 크다. 아침에 일어나 무거운 몸을 이끌고 조캉 사원으로 갔다. 무척 힘이 든다. 한 바퀴를 돌고 또 이어 돈다. 어제와는 사뭇 분위기가 다르다. '옴 마니 반 메움' 이라는 6자 진언이 들린다.

발이 하나밖에 없는 절름발이 청년이 오체투지를 한다. 그의 피부는 자외선으로 검게 타서 구리 빛깔을 하고 있었으며 머리카락은 수세미처럼 헝클어져 있다. 그저 사원을 향하여 쓰러지듯 오체투지를 하면서 조금씩 앞으로 나가며 순례를 하고 있다. 주변을 걸어서 순례하던 티베트인들은 그 청년에게 합장을 하고 보시한다.

마지막 한번을 더 채우고는 호텔로 돌아 왔다. 아침은 생각보다 괜찮았다. 토스트에 간단한 서양식 메뉴가 좋다. 오전에는 그냥 일정 없이 쉬기로 하고 점심은 전날 포식을 했던 그 중식당으로 다시 가기로 했다.

역시 라싸에는 중국 식당이 많다. 티베트를 중국화하기 위해 중국인 정착민을 장려하는 정책을 펼치고 있었다. 그 결과 라싸 내에는 중국인이 티베트인의 3배가 될 것이라고 한다. 다들 고산증으로 힘들어 하고 있다.

달라이 라마의 여름 궁전, 포탈라 궁

오후에는 달라이 라마의 여름 궁전인 포탈라 궁으로 향했다. 그 크기에 압도된다. 광장에서 궁전 입구까지 가는 자체가 힘든 등산이다. 궁전 안은 미로이다. 좁은 통로를 지나면 넓은 공간이 나오고 그 안에는 여러 부처와 역대 달라이 라마가 조성되어 있다.

티베트인들의 보시로 모아진 야크 치즈 촛불들이 타오르고 있었으며 그 불빛이 겨우 가야 할 앞길을 비쳐주고 있다.

포탈라 궁 앞에는 큰 강이 흘러가고 있었다 한다. 그 강물의 흐름을 차단하여 호수 공원으로 만들고 궁 앞에는 커다란 중국식 광장을 만들었다. 큰 강물이나 냇가를 앞에 두고 사원을 배치하는 티베트식 사원 조성 방식이 무시되고 북경의 천안문 광장같은 커다란 공간을 만든 것은 이 땅이 티베트가 아닌 중국땅임을 확인시키려고 의도적으로 그리 한 것인가?

배산임수背山臨水 방식으로 조성된 포탈라 궁전

중국식 광장을 뒤로 배치된 현재의 포탈라 궁전

이 궁과 관련하여 달라이 라마는 그의 소년 시절을 이렇게 회상하고 있다. '포탈라 궁에서의 생활은 아주 쾌적했습니다. 궁의 벽이 대단히 두터웠기 때문에 여름에는 서늘했고 겨울에는 그다지 춥지 않았습니다. 라싸 공기는 아주 건조하여 추위도 그렇게 춥게 느껴지지 않았습니다. 주변에는 올빼미가 많았어요. 올빼미와 관련된

신들께 특별 기도를 올릴 때에는 올빼미들이 더욱 시끄럽게 우는 것 같았습니다' 라고 말하고 있다. 이런 자연환경의 변화는 생태계의 변화까지 초래한 듯하다. 이젠 야생동물은 찾아 볼 수 없게 되었으며 건물 위로는 붉은 중공기만 펄럭이고 있었다. 통로와 계단은 대단히 좁고 복잡하다. 궁전은 주인 없는 폐가처럼 보인다. 가끔 시골길을 가다가 아무도 살지 아니하는 폐가를 보면 음산한 느낌이 들 듯 주인 없는 궁전과 불상만 덩그렇게 남아 있는 공간이 마치 생명력을 상실한 것처럼 보인다.

명상을 위해 건립된 조그마한 건물을 이처럼 크고 방대한 규모로 만들기 시작한 5대 달라이 라마와 관련된 일화도 전해져 온다.

라마는 어느 날 포탈라 궁의 꼭대기에서 여신 타라가 규칙적으로 궁전을 순회하고 있는 것을 보았다고 한다. 이런 순례는 티베트인 사이에는 가장 일반적인 예배 방식이다. 어느 시각에 여신이 지나갔는지 정확한 시간을 기록하고 나서 그는 이를 보다 자세히 조사하라는 명령을 내렸다.

그들은 여신의 움직임이 가난한 늙은 노인의 움직임과 나란히 행해지고 있음을 발견했다. 이에 라마는 노인을 불러 그가 순회할 때 타라가 그와 동행하고 있는 것을 알고 있었는지를 물었다. 노인은 놀라워하며 알지 못했다고 대답했다.

다만 타라 경전을 암송하면서 지난 40년간을 빠짐없이 규칙적으로 순례를 해 왔다고 고백했다. 그래서 라마는 노인에게 그 경전을 암송해 보라고 했다. 그러나 노인은 경전을 잘못 암송하고 있었던 것이다. 그래서 그에게 정확한 경전을 배우게 했다. 그런 후에는 그동안 배운 경전을 정확하게 암송하면서 순례를 하게 되었으나 타라는 더 이상 나타나지 않았다. 그러자 라마는 노인에게 이전에 외었던 대로 경전을 암송해도 좋다는 허락을 했고 그러자 타라는 이전처럼 다시 모습을 드러내었다고 한다.

이에 달라이 라마는 다음과 같이 추론을 하게 되었다. 그가 잘못 암송했을 때 그의 마음은 온전히 타라에게 집중되어 있었다. 그래서 여신은 그를 축복하기 위해 나타났던 것이다. 하지만 그가 정확하게 배우고 암송하려 했을 때는 그의 마음은 경전에 매여 집중할 수 없었다.

다시 호텔로 돌아 온 우리는 조캉 사원 앞 공예품 상가로 안내되었다. 다른 노점보다 싸다. 같은 물건을 조캉 사원 주위보다 절반 가격으로 구입할 수 있었다. 인도에서 왔다는 아주머니가 고향 사람을 만난 것처럼 반겨하는 것도 이채로웠지만 어려운 중국어 한 두 단어로 소통하려다 우리말을 배우고 있다는 여직원을 만났을 때 고향 친구를 만난 듯 반가웠다. 역시 쇼핑은 즐거운 일이다.

저녁에는 티베트 민속 공연을 보러 간다. 무희들이 나와 우아한 동작으로 민속춤을 춘다. 무대 옆에서는 나이가 지긋한 여성 감독이 날카로운 감시의 눈길로 이들의 모습을 세심하게 점검하고 있다.

이어 남성 몇 분이 나와 탈을 쓰고 팔과 다리를 힘차게 흔들며 채찍을 휘두른다. 고령의 노인이 박력이 넘치는 춤사위를 보여주기에는 힘이 부치는 듯 보였다. 아마도 고대 티베트 무사들의 용기와 기상이 잘 표현된 전통 무사춤으로 보였지만 젊은 후계자가 없어서인지 연로하신 어르신이 아직도 무대에서 활동하신다.

해발 4,750m 도로를 질주하는 지프 여행

무서운 밤이 다가오고 있다. 두통이 온다. 가만히 앉아 풀무 호흡을 한다. 한 시간을 하면 두 시간을 잘 수 있다. 그런 후에 다시 깨어 다시 풀무호흡을 한다. 그렇게 두통을 달래가면 밤을 보낸다.

다음 날 아침 일찍 출발이다. 얼굴은 상기되어 붉다. 우리는 4명씩 짝을 지어 지프차에 올랐다. 다행히 앞에 타라 하신다. 오늘은 해발 4,750m인 캄팔라라는 고갯길을 넘어야 한다. 황량한 벌판이 펼쳐진다. 인간의 손길이 닿은 적도 없는 원시의 황야를 달려가고 있다. 산을 오른다. 가파른 산길을 갈지를 그리며 올라가고 있다. 까마득히 높은 산길을 올라 저 밑을 내려다 보면 현기증이 난다. 가장 높은 산길 도로를 보다 속력을 내어 쏜살같이 지나간다. 고산증으로 고통스러워할 우리를 배려한 것이다.

그 고갯길을 넘으니 커다란 호수가 보인다. 크기가 대단하다. 암드록쵸이다. 해발 4,250m에 위치한 이 호수는 티베트인의 또 하나의 성호聖湖인 것이다. 내려서 손을 담가 본다. 미지근하다. 터키석의 호수라는 별명이 붙을 정도로 짙푸른 물빛의 호수를 뒤로 하고 조금 달려가니 설산이 보인다. 만년설을 머리에 인 큰 산이 버티고 있다. 그 앞에서 사진을 찍는다. 그 산도 성산이라고 한다. 이 티베트에는 가는 곳마다 성스런 호수와 산이 있다.

이런 황량한 벌판에서는 인간의 힘이 얼마나 하잘 것 없는 것인

지 절감할 수 있다. 곡식을 재배하고 싶어도 불가능하고 보금자리를 만들어 산다는 것도 어렵다. 이런 광야에서 인간이 할 수 있는 것이라고는 자연의 위대함에 굴복하는 수밖에 없다.

우리는 기독교를 사막의 종교라고 한다. 사막에 가면 인간의 미약함이 느껴진다고 한다. 그러니 절대 신을 찾고 의존할 수밖에 없다고 한다. 이런 황량한 땅에 기대고 살기에는 자연환경이 너무 척박하다. 그나마 재배할 수 있는 작물이라고는 온통 감자와 밀뿐이다. 이런 자연환경이 티베트인으로 하여금 신에 대한 신앙심을 깊게 만들었나 보다. 그래서 많은 사람들이 부처에게 경배를 하고 그로부터 평화와 구원을 얻으려 한 것 같다.

이젠 지프는 팔코르최데 사원白居寺에 도착하고 있었다. 이 사원은 이 지방을 다스리는 왕에 의해 15세기에 건립되었으며 현재는 종파를 초월하여 범교파적으로 관리되고 있는 사원이다. 네팔의 카투만두식 9층 높이의 만불탑白居塔이 특이하다. 각 층은 탄트라의 경지를 상징하고 최상층은 궁극의 경지인 니르바나를 의미한다고 한다.

불전 앞을 지나서 만불탑으로 가 본다. 무거운 발을 끌고 일 층을 돌아봤으나 2층으로 가는 통로가 보이지 아니한다. 다시 나와 멍하니 앉아 머리를 쓰다듬어 보니 모자가 없다. '모자를 잃어버렸

나 보다'라는 생각이 문득 스쳐 갔으나 찾을 마음도 없이 그냥 앉아만 있었다. 그러다 다시 보니 모자가 좀 전에 앉아 있던 위치에 고스란히 놓여 있다.

무심히 앞에 있는 탑 위를 올려다보니 3층으로 올라간 관광객이 보인다. 다시 다가가 일 층 주위를 도니 조그마한 입구에 서 있는 스님이 보인다. 사진 촬영을 하려면 요금을 지불하란다. 사진 촬영할 생각이 없다 하고 다시 위층으로 가는 입구를 찾아보니 조그마한 사다리 같은 통로가 보인다. 그를 통해 위로 오른다. 가파르다. 호흡이 거칠어진다. 좀 더 탑 주위를 돌며 정신을 가다듬고 싶었으나 기다릴 일행을 생각해서 포기한다.

지프는 다시 출발하여 티베트 제2의 도시인 시가체를 지나 새로운 호텔에 도착하고 있었다.

호텔 외곽에 상가가 형성되어 있다. 우리는 체험 관광을 위해 나선다. 레코드 상점이 있어 들어가 본다. 명상 음악이나 티베트 전통 음악 테이프가 있느냐고 물어 보았지만 언어 소통이 쉽지 않다. 영어를 사용해서 이야기를 해 보려 했으나 대화가 안 된다. 한자를 써서 보여주었으나 중국식 간자체만 공부한 그들로써는 알 수 없는 글자일 뿐이다.

다만 외국인인 우리를 보기 위해 사람들이 모여든다. 자기들끼리 이야기하며 우리를 보고 재미있어 한다. 결국 명상 테이프는 포기하고 티베트 민속음악과 예불 테이프만 구입해 나왔다. 다시 시장에 나가 과일과 다른 상품도 구경하며 흥정도 하고 사기도 했다.

호텔로 돌아왔을 때는 저녁이 되고 있었다. 또 고산증으로 두통이 온다. 체력이 떨어져 다소 무리이긴 하나 물구나무를 서 보자는 결심을 하고 실행을 해 본다. 그 자세로 30분이 지나고 있었다. 코에서 무엇인가 떨어진다. 농익은 고름 같은 것이 핏물과 섞여 나온 것이다. 화장실로 달려가 '횡~' 하고 코를 푸니 머리가 개운하다. 고산증이 씻은 듯이 날아가 버렸다. 정말 두통이 깔끔하게 사라져 버렸다. 그날 밤은 정말 편안했다. 평화로운 티베트의 밤이었다.

아침 일찍 출발이다. 상쾌한 기운으로 도착한 장소는 거대한 타시룬포 사원이었다. 중국 정부가 인정한 판첸라마가 주석하는 사원이라고 한다. 깨끗하게 정돈된 이 사원은 그 크기가 대단하다. 현지 가이드의 안내와 설명이 장황하다. 그런 것을 다 들어 아는 것이 무슨 소용이 있을까 싶어 선생님을 따라 다니며 중요한 내용만 듣고 사원을 산책하듯이 스쳐 지나간다.

일반 승려들이 모여 서로 토론하고 그 동안 수행한 바를 검증한다는 광장도 있었다. 동료 한 명을 단상에 세우고 수행과 불교에 관한 여러 질문을 하고 대답을 하게 한다. 그러면 단상에 세워진 승려는 주어진 질문에 대해 답을 해야 한다. 주변에서는 큰 소리로 소란스럽게 만들어 답변자의 집중력을 흩어지게 하기도 한다. 그래도 그에 굴하지 아니하고 바른 답을 해야 한다는 것이다.

그렇게 둘러 본 우리는 사원 입구에 조성된 텅 빈 공간에 앉아 나머지 일행을 기다리고 있었다.

좀처럼 나올 기색이 없다. 사원 안내원의 친절한 설명으로 많은 시간이 필요했나 보다. 선생님과 사원 앞에 나가 보니 노점상이 진을 치고 관광객을 맞이한다. 전통 티베트 상품을 판매하는 여러 노점들을 구경하다가 다시 돌아오니 나머지 일행도 다 와 있다.

다시 출발이다. 점심을 먹기 위해 도착한 장소는 샤카 사원이 인
근에 있는 조그마한 마을이다. 간단히 요기를 하고 우리가 찾아간
사찰은 샤카 사원이었다. 티베트 종파의 일종인 샤카파에 의해 만
들어 졌다는 이 사원은 한국식 불교와 유사한 점이 많다. 중앙에 위
치한 불상이 석가모니 부처이다. 그 주변에는 샤카파 큰 스님이 불
상으로 만들어져 모셔지고 있다. 역시 사원 앞에는 중국식 큰 광장
이 조성되어 있었으며 중국식 향로가 중앙을 차지하고 있다.

한 쪽에서는 만다라를 만들기 위한 준비가 한창이다. 여러 색깔
의 모래가 준비되고 있다. 본격적인 작업에 앞서 준비를 하고 있는
것이다.

티베트 사원에서는 많은 것을 상징하는 복잡한 만다라를 몇 달
에 걸쳐 만들고 이를 일반에 공개하고는 즉시 지워 버린다. 몇 달씩

공들여 만든 귀한 작품을 일시에 없애 버리는 것이다. 마치 정성을 다해 만들었지만 그에 대한 애착을 깔끔하게 지우기라도 하듯이 만다라가 그려진 모래들을 흩어 버린다.

티베트의 소도시 라쩨에 도착했다. 그날 밤에는 이번 순례에 참가한 일행들이 모두 모여서 운전기사와 티베트 가이드를 정식으로 소개하는 상견례를 가졌다. 티베트 전통 술인 창도 마셨다. 그렇게 마신 창이 조금씩 더해져서 다시 두통이 재발되고 말았다.

공사가 선순위, 차량 통행은 후순위

아침을 먹은 후에 라체를 출발한다. 끝없는 들판이 계속된다. 가끔 왼편으로 설산이 나타난다. 저편 산들이 히말라야냐고 물어 보니 아니라고 한다. 알 수 없는 광야와 산들이 그리고 강물이 흘러간다.

중국 침략 이전에 티베트를 탐험했던 모든 탐험가들은 엄청나게 많은 야생동물을 보았다고 한다. 그들은 "하나의 거대한 동물원이었습니다! 어디를 둘러보아도 야생동물들이 한가하게 풀을 뜯고 있었어요"라고 했으나 지금은 야크 이외의 다른 야생동물을 찾아볼 수가 없었다.

온 종일 지프를 타고 간다. 가다 쉴 시간이 되면 차량을 세우고 용변을 본다. 넓디넓은 광야는 우리가 어느 위치에서 볼 일을 보든 모른 채 무심하게 지켜만 본다. 그러다 시간이 되면 들판에 자리를 잡고 식사를 한다. 그리고 다시 출발이다.

드디어 공사 구간을 만났다. 중국 군인들이 도로를 차단하고 있다. 저녁시간이 되어 공사를 할 수 없는 야간이 될 때까지 기다려야만 한다. 모든 차량을 줄지어 서 있다. 항의해도 소용이 없다. 이럴 때는 방법은 없다. 그날 공사가 끝날 때까지 기다려야만 한다. 그리 몇 시간이 흘러가고 있었다. 저 들판에서 선생님이 앉아 명상을 하신다. 조용히 다가가 그 뒤편에 자리 잡고 앉았다. 그러다 물구나무를 해 본다. 신발의 무게와 함께 꽝하고 넘어진다. 다시 시도된 물구나무는 정상 위치를 찾았다. 그렇게 시간은 지나고 있었다. 출발한다고 승차하라고 한다. 그리하여 도착한 곳은 사가이었다.

다시 두통은 재발되어 있었다. 이번에는 명상을 하여 몸과 마음의 평화를 되찾아 보기로 했다. 미간에 의식을 모우고 명상을 한다. 상기된 상태에서 미간에 의식을 모은다는 것이 한층 더 고산증을 격화시킬 수도 있었다. 오히려 그런 명상이 효과가 있을 수 있겠다는 생각이 들었다. 생각은 적중했다. 기氣는 정상적으로 운행되었고 두통은 다시 사라졌다.

사원 순례도 없이 지프는 달려간다. 그저 광야를 지나간다. 설산도 보이고 가끔은 강물도 보인다. 처음에는 신기하게만 보이는 광경도 시들하게만 느껴진다. 졸린다. 자다 보면 쉬는 시간이 되어 멈춘다. 저 멀리 광야를 건너 온 바람이 시원하다. 다시 출발한 차량은 사가를 거쳐 파양에 도착하고 있었다.

조금 일찍 도착한 우리는 시내를 둘러본다. 조그마한 주점에서는 티베트 전통주를 팔고 있다. 그 주점에는 주모가 있어 팔기도 하고 따라 주기도 한다. 비교적 상점과 주점이 많은 조그마한 부락을 둘러보는 시내 구경은 순식간에 끝이 났다. 너무나 작지만 인도 국경에 위치한 군사 요충지라고 한다. 중국과 인도가 서로 좋은 관계일 때는 최고의 교류지로서 번창하던 도시였다고 한다. 지금은 한가하다.

시내 관광을 마친 우리는 시가 한편으로 형성된 커다란 모래사구에 오른다. 들판 한가운데 동산 크기로 만들어진 사구가 신기하다. 겉표면과 달리 모래가 단단하게 뭉쳐져 있어 고향의 뒷동산을 오르는 느낌이었다. 그 정상에는 티베트인 부녀가 앉아 있었다. 우리가 가지고 있던 먹을거리를 나누어 주었더니 거리낌 없이 다가와 이야기를 나눈다. 외부인에게 거리감 없이 다가오는 순수한 마음이 곱다. 저 편으로 히말라야가 보인다. 파노라마처럼 펼쳐진 히말라야는 그 설산 자락을 숨김없이 보여 준다. 아~ 장관이다.

숙소에 돌아오니 화장실이 문제이다. 누런 대변들이 방치된 화장실은 우리의 접근을 거부하고 있다. 도저히 이용하기 어려운 형편이다. 그래도 늘 앞서서 문제를 해결하는 선구자는 있는 법이다. 용기와 선한 마음을 내어서 청소를 시도한 동료가 마침내 변기 하나를 깨끗하게 만드는데 성공했다. 차례로 순번을 받아 배설의 쾌감을 만끽한다.

통로 한쪽으로 인도인이 모여 있다. 이들 힌두교도들에게는 최고의 신인 시바를 상징하는 카일라스와 마나사로와르를 순례하는 것이 가장 큰 영광인 것이다. 그러나 중국에서는 년 300여 명에 한하여 입국을 허용하고 있다. 이처럼 까다로운 입국 조건을 극복하고 도착한 인도인들은 이 파양을 거쳐 들어오고 나간다고 한다. 이들 인도인들이 예배를 드린다.

그렇게 우리의 저녁은 지나고 있었다. 요가 체위를 한다. 비좁은 공간에서 물구나무도 하고 다른 체위도 해 본다. 명상은 편안하다.

평화로운 밤이다.

신성한 호수, 마나사로와르

공사 구간의 통제를 피하기 위해 이른 새벽에 출발했다. 공사 구간을 통과해 황야 한 가운데 위치한 주유소 앞에 터를 잡고 아침식사를 한다. 그리고는 신성한 호수라고 알려진 마나사로와르로 향했다. 공사 통제 구간을 통과했다고 안심했던 우리는 또 다른 공사 구간을 만났다. 마나사로와르를 코앞에 두고 중국 군인들의 제지로 멈춰서고 말았다. 아직 오전인데 저녁 8시가 되어야 통제를 해제한다고 한다. 이럴 때는 기다릴 수밖에 없다.

얼마나 지났을까, 선생님이 제안을 하신다. 마나사로와르 입구에 있는 무사의 성까지 걸어가서 순례로 하고 명상을 하는 것이 좋겠다고 하신다. 올라 보니 저쪽으로 호수가 멀리 보인다. 불경을 쓴 붉은색, 노란색, 초록 색깔 등의 깃발들이 가운데 돌무더기 중심으로 사방으로 걸쳐 있다.

저편 멀리 조그맣게 보이는 설산이 카일라스라고 한다. 모든 순례자가 성스러운 마나사로와르를 가기 이전에 이 장소에 들러 시계 방향으로 세 바퀴를 돌고 경의를 표한다고 한다. 우리 일행도 다 같

무사의 성
모든 준령에서는 크고 높게 쌓아 올린 돌, 특히 흰 돌을 보게 된다. 이 돌 무더기에 막대기가
꽂혀 있고 이것에서 출발한 끈들이 사방으로 퍼져나가 나무나 바위에 묶여진다. 여기에 천이
나 종이로 만든 깃발을 매달게 되는데 깃발에는 주문이나 '바람의 말'이 그려져 있다.
이 돌무더기에는 목양 혹은 산양의 뿔이나 머리가 놓여 있는 경우도 있다. 준령을 통과하는
행인은 돌무더기에 돌 하나를 올려놓고 큰 소리로 하늘을 향해 "키-키 소-소(신들은 승리자이며
악귀는 정복된다)"라고 외친다. 이 돌무더기는 무사의 성 또는 군신의 성이라고 불린다.

이 둥글게 돌면서 '옴 마니 반 메움'이라는 육자진언을 해본다. 다

마친 우리는 카일라스를 향해 앉아 명상을 한다. 얼마나 지났을까

주변을 보니 다들 내려가시고 선생님과 몇 분만 남아 계신다. 다 함

께 내려가니 다들 점심을 먹고 쉬고 있다.

마나사로와르 호수

마나사로와르 호수는 수많은 강줄기의 출발점이며 특히 신성한 갠지스 강의 원천이다.

이 갠지스 강물은 매우 영양이 풍부하고 약효가 뛰어난 미네랄이 함유되어 있다. 이 강가에 사는 사람은 피부병이 없다. 집집마다 강물을 담은 물병을 간직해 두었다가 사용한다.

갠지스 강물은 병에 담아 두더라도 상하지 않으며 그 속에서는 박테리아가 살아남지 못한다고 한다.

먼 옛날 인도에서 런던으로 항해하는 배에 실린 갠지스 강물은 그대로지만 런던에서 콜카타로 항해하는 배에 실린 템즈 강물은 쉽게 상한다는 사실을 알게 되었다.

그래서 많은 과학자들이 이 특이한 강물의 화학 성분과 미네랄을 분석했다. 그 결과 "이런 강물은 세계 어느 곳에도 없다. 갠지스 강물에 함유되어 있는 미네랄은 많은 병을 치유할 수 있는 강력한 약효를 지니고 있다"는 결론을 내렸다.

할 일이 없다. 명상을 하기도 다른 요가 자세를 취하기도 어렵다. 마냥 기다려야만 한다. 그러기를 몇 시간을 보내고 있을 때 며칠전부터 이상 증상을 보이던 할머니가 아프다고 하신다. 응급조치를 하고 주무르기를 반복한다. 그런 와중에 일부 차량을 통과시켜 주었다.

나머지 일행은 저녁 8시가 되어야 통과가 허락되었다. 마나사로와르 호수 가까이 가니 먼저 왔던 일행이 기다리고 있었다. 우리는 입수를 위해 상의와 바지를 탈의하고 호수로 들어간다. 온몸을 3번 담그고는 다시 나온다.

다시 지프에 올라 숙소로 간다. 가까이에 있을 것 같던 마을이 꽤나 달려서야 도착할 수 있었다. 모든 시설이 낙후되어 있고 모든 물자가 부족하다. 하나 내일부터 본격적인 순례가 시작되므로 쉬어야 했다. 난방 시설이 없어 침낭을 편다. 추운 날씨 때문에 침낭과 겨울 잠바를 착용해야만 했다. 밖은 밤 10시가 되었는데도 훤하다. 북경과 카일라스 출발 거점인 다르첸의 시차가 4시간인 것이다.

성산, 카일라스 순례

아침이다. 지프는 밖에서 대기하고 있다. 순차적으로 오른 지프

는 카일라스를 향해 달려간다. 바로 앞에 있을 것 같아도 다가가면 저 멀리 떨어져 있다. 몇 시간을 달려갔음에도 불구하고 아직도 멀다.

순례 코스 입구는 성스러운 무사의 성이 있었다. 선생님을 중심으로 모두 모여 간단한 산신제를 드렸다. 드디어 출발이다. 여자분들은 현지 포터들과 파트너가 되어 동행하고 나머지는 자기 배낭을 메고 걸어간다. 큰 골짜기를 따라서 좁은 순례길이 형성되어 있다. 빠른 걸음으로 앞서 간다. 조그마한 냇가도 지나고 벌판을 건너기도 한다. 예정된 위치에 도착하니 조그마한 소품과 전통차를 판매하는 매점이 있다. 약간 소금기가 있는 티베트 전통차가 이색적이다. 점심으로 가져 온 주먹밥과 티베트 전통차를 마신다.

이번에는 빠른 이동보다는 일
행과 함께 보조를 맞추어 나간다.
멀리 숙소가 보인다. 그리고 카일
라스도 위용을 드러내고 있었다.
다들 성산을 향해 경배한다.

숙소는 생각보다 깨끗하고 좋
았다. 겨울 파카를 입은 우리에게
내일 순례 길에는 그 유명한 될마
라라는 고개가 있어 힘들 것이라
고 한다. 내일을 위해 일찍 잠을
청한다. 그리 카일라스 품속에서
의 첫날밤이 지나고 있었다.

아침 일찍 기상이다. 산을 오
른다. 고갯마루를 앞에 두고 달려가고 싶은 충동이 들었다. 이 고갯
길이 그리 힘들다고 하는데 한번은 그렇게 해보고 싶었다. 단숨에

고갯길에 오르니 평지와 내리막이 이
어진다. 가볍게 달려 본다. 체력이 다
할 때까지 뛰고 싶었다. 드디어 천막
으로 만든 찻집이 보인다. 한 쪽에 앉
아 식사를 하고 일행들을 기다리고

있었다. 마침내 몇 명이 도착한 그 시점부터 비가 조금씩 내리고 있었다.

비는 점점 더 굵어져 앞서 도착한 팀이 먼저 출발하고 뒤 이어 온 일행과 동행했다. 저 멀리 천막이 보인다. 드디어 도착했다. 임시 천막으로 만든 숙소에서 잠을 잔다. 빗소리가 요란하다. 빗방울은 점차 굵어지고 있다. 금방이라도 천막을 쓸어버릴 듯하다.

그때에 밖에서 여자들이 우는 소리가 들린다. 아파서 숙소에 있기로 한 할머니가 이 빗길을 뚫고 도착한 것이다. 장대비가 쏟아지는 칠흙같이 어두운 밤을 헤치고 왔던 것이다. 멀리 불빛이 보이는 천막을 보는 순간 눈물을 감출 수가 없었다고 한다.

사나운 빗소리가 우리를 좀처럼 잠들 수 없게 한다.

그래도 아침은 밝아 왔다. 다시 출발한 우리는 가끔은 멈춰 물구나무도 서며 간다. 끝없이 펼쳐진 광야가 어젯밤에 내린 빗물로 늪지가 된 듯하다. 산비탈에 솟아 있는 쥬틀복 사원이 보인다. 들어가 경배를 한다. 중앙에 모셔진 불상도 적고 이 사원에서 수행했던 티베트의 큰 스승인 밀라레빠를 새긴 상도 아주 작게 만들어져 모셔져 있다.

명성에 비하여 초라하기만 한 사원을 내려와 찻집에서 점심을 먹는다. 다시 출발한 우리는 벼랑 위에 만들어진 길을 따라 걷는다.

순례길에 버려진
'대장금' 아이스크림 포장지

저 밑 계곡에는 큰 강물이 흐른다. 드디어 저쪽에 먼저 도착한 일행과 지프가 기다리고 있다. 순례 길은 이렇게 끝이 난다. 서로 격려하면서 아쉬움을 달랜다.

집으로 전화를 한다. 저 멀리에서 아내의 목소리가 들린다. 순례의 감동과 가족에 대한 그리움이 교차되면서 울컥했다. 눈물이 난다. 미안한 생각에 눈물이 난다. 혼자만 온 아쉬움과 그리 오고 싶어 했고 기대했던 순례라는 것이 이런 것이었구나 하는 마음이 감동의 물결로 다가왔던 것이다.

지프에 오른 우리는 또다시 카일라스를 한눈에 볼 수 있는 지점으로 달려간다. 냇가를 건너 아름다운 산길을 지나 도착했다. 하지만 카일라스는 안개와 구름 뒤에 가려져 볼 수 없었다. 밝고 청명한 날씨를 기대했으나 그 기대도 무너지고 말았다. 돌아 나오는 지프 앞에 펼쳐진 풍경이 장관이다. 우리는 다르첸으로 다시 돌아왔다.

작은 파티를 준비하던 우리에게 밖으로 나와 보라는 외침이 들린다. 나가보니 좀 전에 보여 주지 않던 성산이 그 위용을 드러내며 저 멀리 서 있다. 카일라스 산이 다시 한 번 그렇게 다가온 것이다.

이 밤이 아쉽다. 이렇게 순례가 끝난다 생각하니 아쉽다. 그날 밤을 명상으로 철야를 하기로 하고 한 쪽에 앉아 호흡을 고른다. 몇 시간이 지났을까? 가늘게 뜨고 있는 눈으로 빛이 들어온다. 벽면에 만들어진 조그맣던 빛이 텔레비전 크기만큼 커진다. 그와 동시에 이런 음성이 들리는 듯하다. '무엇을 더 구하는가? 온전하게 느끼고 감사할 생각은 아니하고 무엇을 더 찾는가? 라고 카일라스는 속삭이고 있었던 것이다. 두 뺨으로 눈물이 흐른다. 나도 모르게 '감사합니다! 감사합니다!' 외치고 있었다.

몇년 전에 대흥사 일지암에서 한 어르신을 만났다. 그분은 암에 걸려 앓고 있다고 한다. 삼 년에 한 번씩 일지암에 오서서는 아무 것도 하지 아니하고 그 선방에 며칠씩 누워만 있다 가신다 한다. 그 일지암은 풍수의 대가이신 초의 선사가 점지한 최고의 명당에 건립된 암자이었던 것이다. 그렇게 땅의 지기를 온몸으로 받아들이면 또 몇년은 건강하게 사신다고 한다. 그런 다음 또 다시 와서 그렇게 웅크리고 지기地氣를 받아간다 하신다.

그래 그거다. 이 산은 지기의 원천이라 하는 곤륜산이라고도 불리는 성산이다. 그 앞에 머물러 있으니 여기가 세상에서 가장 좋은 명당이다. 땅의 기운이 넘쳐나는 곳이다. 그런 곳에서 무엇을 더 바랄 것인가! 가만히 누워서 지기를 느껴보자!! 그리고 그 지기를 어린아이가 엄마의 젓을 빨 듯 만끽해 보자는 생각이 든다. 누워 본다. 편하다. 카일라스가 감사한 밤이다.

티베트에서의 마지막 날들

오전 일정이 느긋하다. 오늘은 가까운 마나사로와르 호수로 가는 일정만 있기에 여유롭다. 지프에 오른다. 잘 포장된 아스팔트 위를 달린다. 그러던 차량이 방향을 바꾸어 들판으로 들어가서 길 없는 벌판을 달려간다. 그러더니 드디어는 산 위로 오른다.

치우 사원이다. 또 다른 티베트의 큰 스승, 파드마삼바바의 수행 토굴이 있다는 사원이다. 그 사원을 지키던 승려 한 분이 나와 잠겨 있던 토굴의 문을 열어 안내한다. 좁은 토굴을 번갈아 들어가 보고 위로 향해 있는 오솔길을 따라 올라가 본다. 그 위에는 흙 탑과 큰 사원이 있었다. 토굴에 비하여 비교할 수 없을 만큼 넓은 공간을 차지하고 있다. 조그마한 보시를 하니 촛불을 건넨다. 불을 붙여 올렸으나 이내 꺼지고 만다. 다시 붙여 불상 앞에 가지런히 올려놓았으나 불 끝이 가물가물 타오르는 것이 언제 꺼질지 모른다는 생각을 들게 한다. 우리는 다시 이동하여 마나사로와르 호수 앞 숙소로 이

동한다. 이 사원에서 내려다보이는 위치에 있는 초대소는 소박하다. 이른 시간에 도착한 우리는 호수 주위를 돌아본다. 주변에 있는 조약돌이 예쁘다.

산책도 하고 인근에 있는 온천장을 가기도 한다. 이전에 가셨던 분들이 하나 같이 온천수라는 것이 급수 상태가 안 좋아 졸졸 흐르는 물을 겨우 받아 사용할 수 있는 정도라고 하여 가기를 포기했다. 그런데 갔다 오신 분들이 이젠 물이 콸콸 나오고 있었으며 온천수의 수질이 상당히 좋아졌다며 자랑이 한참이다.

저녁을 포기하고 명상이나 카일라스에 기대어 잠이나 실컷 자려던 계획은 무산되었다. 서로 순례 소감을 나누며 회식하는 자리가 준비되어 있었다. 한 잔씩 마시던 것이 많이 마시고야 끝이 났다.

이른 새벽 2시에 기상한다. 몸 상태가 안 좋다. 흔들리는 지프 속에서 잠을 청해 보려고 하면 좌우로 흔들리다가 오른쪽 문 옆 손잡이에 머리를 꽝하고 부딪친다. 속이 울렁거리고 엉망이다.

통제 구간을 공사가 시작되기 전에 통과해야 한다고 이른 새벽에 출발한 차량이 속도를 더해 달리고 있었다. 그리 달리고 부딪치고 하던 차량도 검문소를 지나 아침식사 장소에 도착했다. 아침은 라면이다. 무엇을 먹어야겠다는 생각에 시도를 했으나 무리다. 선생님이 자침으로 치료해 주신다. 국물만 들이키고는 지프로 돌아왔다. 그리고 사과를 하나 먹으니 조금씩 회복되어 가고 있었다.

차량은 다시 달려간다. 그러다 공사를 하는 구간을 만났다. 통행할 수 없으니 기다라는 것이다. 협상을 위해 그룹으로 몰려가 협의를 해보았으나 실패이다. 그러던 중에 공사 구간을 피해 들판으로 달려가 새로운 길을 개척하기로 했나 보다. 광야를 지나고 냇가도 지난다. 그렇게 달려가다가 앞 선 차량이 비탈길에서 멈춰 버렸다.

경사가 60도 이상이 되는 비탈에 멈춰 있는 차량은 전복 직전이다. 그래도 지프 밑에 하중 조정 장치가 있어서 그런지 넘어지지 아니하고 용케도 버티고 있다. 차량에 있던 일행들이 조심스럽게 내리고 운전기사만 차량에 앉아 차량 이동을 시도한다. 한 쪽에 와이어를 걸고 당긴다. 그러다 쇳줄이 풀렸다. 차량이 중심을 잃고 쓰러지는 그 순간에 용감한 티베트 운전기사가 반대편 승강 발판 위로 뛰어 올라가 넘어지는 차량을 세웠다. 드디어 차량은 비탈길을 비스듬히 내려가서 안정을 되찾았고 차량의 이동은 재개되었다. 다시 평지에 올라선 차량들은 더 이상의 이동을 포기하고 통제가 해제되기를 기다리기로 했다.

끝없이 서 있는 차량에서 무한정 기다린다. 우리는 기다림으로 지쳐가고 있었다. 냇가로 가 조약돌을 찾아보는 것도 이내 시들하다. 넘쳐나는 자외선 들판에 앉아 명상을 하는 것도 불가능한 일이다. 그저 지프에 앉아 주위 경치나 보는 것이 유일한 소일거리이다. 언제까지 있어야 하나 벌써 저녁 8시가 되어간다. 조금 있으면 해제된다 하던 것이 밤10시가 다되어 차량 소통이 가능해졌다. 그때서야 어두워져 공사가 불가능해 졌기 때문이다. 비로소 차량은 이동하기 시작했고 새벽 3시가 되어서 사가에 도착한 우리는 그 시간에 저녁을 먹어야 했던 것이다. 늦은 시간에 먹는 중국식 저녁식사는 입맛을 잃은 우리에게는 무리였다. 그 새벽에 방을 배정받은 우리는 잠을 청한다.

늦은 아침에 일어나 아침식사를 한다. 오늘 새벽에 들렀던 식당이다. 먹어야 한다는 일념으로 식사를 한다. 그리 마친 식사를 끝으로 가벼운 배낭만을 메고 검문소까지 걸어가야 한다는 것이다. 다들 지친 몸이지만 아침 산책길이 상쾌하다. 뛰고 싶다. 며칠만 있으면 떠날 이 고산지대에서 달려 보고 싶다. 젊은 일행 분들에게 달려 보자며 뛰어 본다. 힘찬 뜀박질을 몇 시간이라도 할 수 있을 듯 했으나 다른 일행들은 그저 지켜만 본다. 혼자 얼마간 뛰다가 검문소 앞에 멈춰 섰다.

한 명씩 여권을 대조해 보고 검문은 종료되었다. 차량에 승차한 우리는 또 다시 출발한다. 거침이 없다. 어제까지 지나던 비포장도로도 잘 포장된 아스팔트로 바뀌어져 있다. 승차감이 좋다. 차량의 흔들림도 없다. 문명의 편리함에 감사드린다.

단층면이 확연하게 드러낸 토산도 보이고 이어 암벽 산들이 좌우로 우리를 에워싼다. 마을을 지나고 밀과 감자를 심어 가꾼 밭들도 지난다. 드디어 사가체에 도착했다. 막힘없이 달려 온 지프가 예정보다 이른 시간에 도착하게 한 것이다. 쇼핑도 하고 싶었으나 포기하고 오랜만에 샤워를 한다. 굵은 때가 밀린다. 한 보름 만에 하는 샤워는 우리를 상쾌하게 한다.

그러고는 요가 체위를 해 본다. 몸이 환호한다. 이어 호흡과 명상도 해 본다. 몸과 마음이 편안하다. 그렇게 두 시간을 보낸 다음 침대로 다가간다. 그렇게 티베트에서의 밤이 지나가고 있었다.

이별 그리고 회향

아침식사는 깔끔하고 청결하다. 서양식 아침식사 스타일에 커피 또한 준비되어 있다. 토스트도 적당히 구워 있고 과일 당도도 좋다.

그리고 이른 아침에 출발한 길이 편안하다. 포장 상태도 좋고 공사로 통제하는 구간도 없다. 높은 계곡과 산을 지난다. 한 쪽으로 커다란 호수가 지나간다. 큰 고갯길을 넘어 높은 산을 오른다. 동료가 두통과 함께 구토증이 난다고 한다. 차량 속도를 감속한다. 큰 산을 넘어 내려오니 조금은 좋아졌나 보다. 차량 옆으로 붉은 중공 기를 부착한 차량이 지나간다.

주변 경치는 원시 그대로의 모습을 닮았다. 차량도 흔들리지 아니해서 사진 찍기도 좋다. 끝없이 사진을 촬영하다가 비슷한 장면이 계속되어 그도 포기하고 가만히 명상을 해 본다. 흔들리는 차량에 몸을 맡기고는 정신을 미간에 모아 본다. 편안하다. 그렇게 명상을 하면서 정신을 집중하고 있었다. 소리가 들린다. 귓속으로 '옴~' 하는 소리가 들린다. 명상을 마쳐도 들린다. 지프 밖으로 흘러 스쳐가는 바람 소리와 함께 들린다. 마음이 평화롭다.

그렇게 달리던 지프가 멈췄다. 공항 가까이에서 식사를 한다. 티베트라고 하지만 그런 느낌이 없다. 중국 같기도 하고 한국의 소도시 같은 분위기도 있다. 음식 맛도 우리 입맛에 맞는다. 모처럼 음식다운 것을 먹어본다고 좋아 한다. 생각보다 일찍 도착했다.

공항에서 지프 기사와 현지 가이드와 작별한다. 그 사이에 정이 들었는지 헤어지기가 아쉽다. 그 동안 안전하게 우리를 안내한 친절한 티베트인들에게 감사드린다.

공항에서 무한정 기다린다. 마음에 드는 만다라가 있어 다가가서 보니 가격이 너무 비싸다. 흥정도 해 보지만 가격 차이가 크다. 중국어로 된 티베트 관련 책자와 관광 안내 책자를 구입했다.

그래도 시간이 남는다. 경전을 읽다가 가만히 앉아 명상을 해 본다. 그리 길게만 느껴졌던 시간도 지나 마침내 비행기에 탑승하게 되었다. 오후 5시가 되어 출발이다. 티베트의 관문도시인 쓰촨성의 성도인 청두에 도착하니 7시이다.

다들 비행기에서 기내 식사를 했으니 식욕이 있을 리 없다. 그래도 청두 시내 식당에 예약이 되어 있다며 안내를 한다. 더워서 그런지 러닝셔츠만 입은 남자들이 산책을 하거나 자전거를 타고 지나간다. 조금 있으니 상의를 탈의하신 사람도 보인다. 식당에 도착했다. 샤브샤브 집이다. 뷔페식으로 온갖 식재료를 포장하여 진열해 두고 있었다. 둘러보니 족히 40여 가지는 될 듯하다. 마음에 내키는 대로

골라 뜨겁게 달구어진 육수에 넣어 익혀 먹는 맛이 괜찮다. 식욕이 없는 우리들도 호기심으로 먹어 보고는 다시 먹는다.

주변에는 관광 기념품을 팔려는 호객꾼이 한참이다. 중국의 변검가면으로 만든 장난감이 인기이다. 흥정을 하고 싼 가격에 몇 개씩 구입한 일행들은 주변 사람들에게 나누어 준다. 다시 공항으로 간다. 성도 공항에는 면세점도 있고 다른 편의 시설도 많다.

다음날 자정이 넘어서야 출발할 수 있었다. 기내에서 식사를 준다. 벌써 저녁이 3번째 제공된다. 비행기 밑으로 보이는 산맥이 히말라야라고 한다. 이젠 여행을 마치고 일상으로 돌아갈 시간이다.

인천에 도착하니 새벽 5시이다. 다들 모여 서로 격려하고 다음에 만날 것을 기약하고 헤어진다. 집으로 가는 리무진 버스가 편안하다. 집으로 전화하니 반가운 아내의 음성이 들린다. 아~ 한국이구나. 이렇게 돌아왔구나.

아내와 아이들이 정류장에서 기다리고 있다. 아내와 딸들은 이렇게 기다려 주고 있었다.

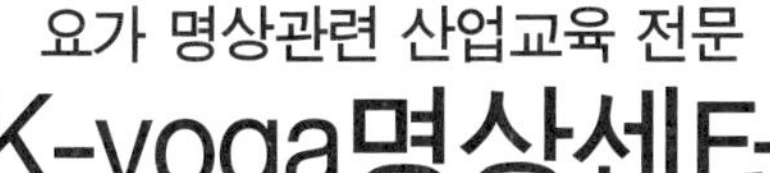

K-yoga명상센터

www.K-yoga center.com

K-yoga명상센터에서는 「스트레스 지우기」
「긍정 MIND & SMILING」
「성격 유형별 리더십」

명상 과정을 개설 운영 중입니다.

1 「스트레스 지우기」 명상 과정

우리가 외면하는 마음의 상처와 스트레스

고급 레스토랑에서 우아하게 서비스를 하는 여성은 마음이 편안할까? 저처럼 아름다운 미소를 짓는 저 여성은 타고난 서비스 요원일 것이다. '그러니 마음도 천사이겠지? 라고 생각할 수 있으나 실체를 보면 아닌 경우가 많다. 오랜 훈련과 경험이 그녀를 그렇게 만든 것이다. 그들이 아름다운 미소 뒤로 감추어 버린 그림자들이 무의식 저편에서도 자라나고 있다. 날로 경쟁은 치열하고 우리들의 아픔은 커져만 간다.

기대 효과

— 보다 효과적인 마음의 상처를 치료하기
— 매일하는 스트레스 흘려보내기 명상 실습 및 체험
— 사무실에서 할 수 있는 office yoga 습득

교육 대상 3년 이상 근무자(20~30명)   **교육 시간** 3시간

2 「긍정 MIND & SMILING」
명상 과정

긍정의 마인드와 몰입은 성공의 KEY

긍정의 마인드가 강할수록 집중력이 커지고 자기 삶의 만족도도 그만큼 커진다. 그러면 우리는 몰입할 수 있게 되는데 의식적으로 어떤 노력을 하고 있다는 느낌도 없이 행동할 수 있게 된다. 그것은 마치 스스로 일어나는 일처럼 자연스럽게 흐르게 하는 것이다. 이런 긍정의 마인드와 몰입은 성공의 필수 요건인 것이다.

기대 효과

— 긍정 MIND와 진정한 미소의 이해
— 마음 조절을 위한 호흡 훈련
— 기초 명상(수식관) 체험

교육 대상　신입사원 또는 실무담당(20~30명)　　**교육 시간**　4시간

---

3 「성격 유형별 리더십」명상 과정

우리는 성격이라는 감옥 속에서 살고 있다

어린아이들이 자신들의 환경 속에서 살아남기 위해 생존 전략 프로그램을 만든다. 자기가 처한 환경 속에서 위험을 극복하기 위한 대응 방식을 개발하고 프로그램화 하며 간직하고 있는 것이다. 일종의 심리적인 감옥이 되는 것이다. 이 성격에 따라 인식하는 방식도 달라지고 행동하는 반응 시스템도 달라진다. 이것이 우리 인생을 좌우한다. 우리가 자유롭게 판단하고 행동한다고 생각하겠지만 거짓말이다. 마치 기계나 전산 프로그램처럼 어떤 외부 자극에 대해서 동일하게 반응하고 행동한다. 그런데 그런 사실을 깨닫지 못하고 있다. 자신의 성격을 자신과 더 많이 동일시할수록 더욱 그렇다.

기대 효과

— 나의 성격 진단 및 특성 파악　　　　— 성격유형별 LEADERSHIP 기초 이론 습득
— 몸으로 하는 명상 체험(걷기 & 회오리 명상)
— 마음 안정을 위한 그림 그리기와 만다라 실습

교육 대상　간부 또는 7년 이상 근무한 관리자 (10~20명)　　**교육 시간**　9시간